红山文化研究

第七辑

玉器研究专号

红山文化研究基地
赤峰学院红山文化研究院 编

文物出版社

图书在版编目（CIP）数据

红山文化研究．第七辑，玉器研究专号／红山文化研究基地，赤峰学院红山文化研究院编．－－北京：文物出版社，2020.12

ISBN 978－7－5010－6913－2

Ⅰ.①红…　Ⅱ.①红…②赤…　Ⅲ.①红山文化－文集②古玉器－中国－文集　Ⅳ.①K871.134-53②K876.84-53

中国版本图书馆 CIP 数据核字（2020）第 247963 号

红山文化研究　　第七辑

玉器研究专号

编　　者：红山文化研究基地　赤峰学院红山文化研究院

责任编辑：周艳明　王　媛
责任印制：张道奇
封面设计：程星涛

出版发行：文物出版社
社　　址：北京市东城区东直门内北小街 2 号楼
邮　　编：100007
网　　址：http://www.wenwu.com
经　　销：新华书店
印　　刷：宝蕾元仁浩（天津）印刷有限公司
开　　本：787mm×1092mm　1/16
印　　张：7.5
版　　次：2020 年 12 月第 1 版
印　　次：2020 年 12 月第 1 次印刷
书　　号：ISBN 978－7－5010－6913－2
定　　价：128.00 元

编辑委员会

目　录

名家访谈

关于红山文化玉器研究的新思考

——辽宁省文物考古研究院名誉院长郭大顺先生专访

一

马海玉: 郭先生您好! 近50年来, 您始终致力于红山文化研究事业, 特别是从微观和宏观角度对红山文化玉器进行了系统研究。众所周知, 玉器是红山文化最具标识性的特征之一, 红山文化正是因其发达的玉文化而备受瞩目, 特别是红山文化龙、凤、龟等动物造型玉器更是独树一帜, 我们应如何从龙凤题材看红山文化在中国文化起源史上的地位?

郭大顺: 20世纪80年代初红山文化玉器最早确认时, 龙题材是其中一个主要内容。红山文化拥有玉雕龙, 是辽河流域五千年文明起源的重要依据, 因为龙是中华文明的结晶。此后随着牛河梁坛、庙、冢等一系列重大发现, 在全国掀起一场关于中华文明起源的大讨论; 龙和凤的形象共出, 则进一步提出了辽河流域在中国文化起源史上地位的新课题, 因为龙、凤都是中华传统文化中的精华。

目前有关红山文化玉雕龙的研究成果集中于分类、造型两个方面。玉雕龙可分为两大类型, 一为附脊卷体玉雕龙, 一为环体玉雕龙。附脊卷体玉雕龙又称"C"形龙, 以翁牛特旗赛沁塔拉、黄谷屯所收集的两件比较典型。有学者以为附脊卷体玉龙可能属于赵宝沟文化。由于明确出土此类玉龙的翁牛特旗中部偏北是赵宝沟文化分布较多的地区, 所以此说有一定根据。"C"形龙的原型曾被认为是猪, 依据主要是赛沁特拉玉龙吻端截平, 截面上有对称双孔洞, 长举的片饰推测为猪的鬃鬓。但之后发现和确认的几件同类玉龙吻部的截面都并非平面, 趋圆且上翘, 非猪吻特征, 而更似于鹿。至于环体龙, 我们曾以为是猪龙, 后又推测是以熊为原型。推测为猪主要是参考了赛沁塔拉玉龙的特征, 同时还有一个理由是其嘴上有多道皱纹。建平收集的一件有獠牙的表现, 似为野猪。敖汉旗小山遗址出土的属于赵宝沟文化的刻划纹陶尊上有写实的猪首龙形象, 其獠牙甚长, 野猪特征十分明确。推测为熊则是因为短立耳、圆睛、体较肥厚为熊的特征。牛河梁遗址第十六地点积石冢出土的红山文化玉器中有以圆雕的熊首为装饰的三孔玉饰件，牛河梁遗址第二地点积石冢有完整的熊下颌骨，女神庙有泥质熊爪和彩塑的熊龙下颚，红山文化之后的小河沿文化也常见熊形象。出土多数量、多类型熊的实例，说明红山人有祭熊崇拜熊的习俗。我自1996年于《鉴赏家》夏季号刊发《猪龙与熊龙》一文，提出已发表的玉雕龙中部分应为熊龙，此后仍不断关注这个课题。特别是2019年在维也纳国立自然历史博物馆看到多件熊与野猪标本，相互对比，其区别尤以耳部最为明显，极易辨别：猪耳宽而薄，耳端尖；熊耳短而厚，耳端圆或尖圆。由于目前发现的20多件红山文化玉雕龙都为短厚耳，耳端圆或尖圆，所以我认定红山文化的环体玉雕龙为熊龙。

玉凤以新近在牛河梁遗址第十六地点四号墓所出最为重要，此外牛河梁遗址第二地点还有玉凤首发现。此前的发现，如胡头沟墓地和那斯台遗址分别发现的玉鸟，东山嘴遗址发现的绿松石质鸟形饰，皆表现有双耳，均应为鸮，且多作展翅状，似选用鸟在天空飞翔的姿态为基本造型。牛河梁遗址还发现一件龙凤玉佩，龙与凤合体，首部突出，身体简化，一横一竖，设计巧妙，龙和凤都高度神化，与后世同类题材比较已是较为定型的形象，文化和艺术含量极高。

龙凤造型在红山文化较早出现源于其深厚的文化背景。

一是有当地文化长期发展为基础。这以龙形象在辽河流域的演变最能说明问题。早在距今七八千年前的查海遗址中就有堆塑和浮雕两类龙纹出现。赵宝沟文化时期出现了在陶器上刻划的鹿头龙和猪头龙，到了红山文化时期出现了以猪或熊为原型的玉雕龙。其实龙最早的起源就是多种动物的神化，反映的是思维观念的变革，红山文化龙形象及其演变有着清晰的来龙去脉，实属历史文化和思维观念发展的必然。凤的演变同样在当地有发展演变脉络可寻。在赵宝沟文化中有鹰首龙身的图像，即已将鸟神化为凤的观念以艺术形式表现了出来，虽然只是陶器上的刻划纹，但无论造型及与其他神化动物的组合，还是刻划技法，都已经相当成熟。近年在翁牛特旗收集到一件凤首匜形陶器，从灰黑色的细砂陶质、篦点式"之"字形和细密的直线压印纹饰看仍属赵宝沟文化，这件匜形陶器的凤首有高冠和钩形喙，已是鹰类神化为凤的形象。所以在红山文化中出现有特定含义的玉凤也是完全可以理解的。

二是宗教祭祀发达。已知有明确出土地点的红山文化玉龙几乎遍布红山文化分布区，北至西拉木伦河北的巴林右旗葛家营子，东到河北围场下伙房，但都为收集品，缺少详细出土信息。其中牛河梁遗址及其附近出土的玉雕龙最多，正式发掘的有4件，附近收集的有3件。这与牛河梁遗址为大型祭祀遗址群有直接的关系。玉凤的发现也说明其与祭祀遗存有密切关系。红山文化玉鸟的发现地点如玉龙般遍及红山文化分布区，但明确为玉凤形象的则只见于牛河梁遗址。红山文化各种神化动物题材的玉器是巫者通神的工具，从目前的发现情况看，以对兽与鸟的神化物数量最多。因此龙凤玉雕在红山文化出现是史前宗教祭祀发展到一定高度的产物。

三是与区域地理环境和经济生活有密切关系。距今8000～5000年，辽西地区是针叶林与阔叶林混交的森林地带，与东北地区的自然生态是相同的，活动于这里的先人也同东北大部分地区的人一样，主要从事采集和渔猎。红山文化时期虽然加大了与中原农业区的交流，农业比重有所增长，但采集和渔猎仍占主要地位。有学者认为红山文化玉器以动物形为主，且多为野猪、熊、鹰等野生动物，正是由于渔猎经济的发达。此后兴隆沟遗址的红山文化遗存、魏家窝棚的植物标本、半拉山动物标本的测定结果，也都证明红山文化以采集与渔猎为主要经济活动，植物栽培有但不占主要地位。

最后，谈一谈从玉龙凤看红山文化在中国文化起源史上的地位。龙、凤均为中国古代传统文化中具有代表性和典型性的文化因素，玉更是中国传统文化的主要载体。以玉材雕龙凤，从古至今，连续不断，是中华民族传统文化的结晶。龙凤的起源直接涉及中国文化起源问题。龙凤题材不仅同时出现在红山文化中，玉龙、玉凤又都出现于具备"坛、庙、冢"三位一体的大型祭祀建筑群中，且后者及其组合一直延续到明清时期北京的天坛、太庙和明十三陵，这就更增加了红山文化玉龙凤在中国传统文化起源中的分量。

红山文化玉龙凤在中国传统文化中的作用还在于它们对后世直接与深远的影响。环形玉龙与商代环状玉雕龙在造型上的一脉相承关系曾引起对"商文化起源于东北"的再讨论。据邓淑苹女士回忆，1984年《文物》杂志发表的红山文化玉龙等玉器资料传到台湾时，高去寻先生看到红山文化玉雕龙与商代玉龙造型十分相近，回忆起傅斯年先生当年提出"商文化起源于东北"的观点，认为是找到了实物证据；牛河梁遗址第十六号地点所出玉凤翅尾的羽都作三分状，翅端尖而尾端圆，曾被学术界视为最早凤鸟形象的山东龙山文化玉雕鹰纹及江汉平原石家河文化的玉鹰翅尾羽翎也作三分状，也为翅端尖而尾端圆，到商周时期青铜器上的凤鸟纹，其间也应有先后相承关系。当然，龙凤题材在中国其他史前文化中也有发现。如见于中原地区的有河南淮阳西水坡距今6000年前仰韶文化遗址以蚌壳摆塑的龙，陕西宝鸡北首岭仰韶文化遗址彩陶上的类龙纹，山西陶寺龙山文化墓地陶盆内底的彩绘盘龙纹。凤题材除见于辽西地区的赵宝沟文化和红山文化以外，在其他地区也有发现，如中原地区仰韶文化庙底沟类型彩陶上的鸟纹系列、陕西华县泉护村仰韶文化末期的大型鹰鼎等，其中湖南高庙文化陶器上以戳点组成的凤鸟纹年代距今7000余年。可见龙与凤的起源都是多元的，但不是对等的，而是有先有后、有主有次的，正如中国考古学文化既有多区域各自的发展序列又有主次一样。红山文化的龙形象出现早、类型多、成系列，与后世的传承关系清楚，红山文化的玉凤也是目前所知形象明确的凤题材中时代较早的，所以红山文化的龙凤当属中国龙凤起源系统的主干。著名考古学家苏秉琦先生在研究中华文化起源时，曾提出中华文化总根系中"直根系"的概念。这是他在分析史前时期文化交汇在文化起源中的作用时，从中原地区与包括辽西在内的燕山南北地区的文化交汇中得出的一个结论。红山文化继龙题材之后又有凤题材遗物出土，于是辽河流域尤其是辽西地区在中华文化起源这棵大树上的"直根系"地位又多了一个有说服力的证据。

二

马海玉：一直以来，红山文化勾云形玉佩以其独特而神秘的造型引发学界高度关注，您如何看待这种玉器造型和其产生的深层次原因？

郭大顺：勾云形玉佩是目前所知红山文化玉器中数量最多的器类之一，与玉龙、马蹄状玉箍并称为红山文化三大代表性玉器，而且它还是最早被发现的一种红山文化玉器。这种器类的造型，以及制作难度极大的随形走向的起地阳纹，透露出一种特殊的神秘感。它似鸟非鸟，似兽非兽，令人产生无限遐想。这是红山文化玉器特有的魅力所在，体现了红山人难以捉摸的高超艺术思维，更激起了红山玉器研究者和爱好者的强烈探求欲。已有多篇文章从不同方面、不同角度对这类玉器进行过探讨。诸研究家根据对勾云形玉佩形态特征的不同理解进行过多种类型划分，如尤仁德分为随形型、完整型、简化型，杨美莉分为典型型、龟型、鸟型、鹰面型，邓淑苹则注意到勾云形佩与两件勾云形佩结合体的区别。我们根据对这种玉类形态特征最初的认识标准，将其划分为单勾型、双勾型、简化型和异化型四类。

勾云形玉佩的原型是什么？这是红山文化玉器研究十分关注的一个题目。对此，学者们最先提出过鸟形说、兽面形说、鸟兽等多种动物结合说，后又有提出云气说等。

主张鸟形说的较为普遍，但着眼点又各有不同。尤仁德认为其"以手工推磨及镂雕技法作左右对称式相背的双鸟造型。鸟身简约呈盘卷旋曲状，鸟首为尖喙，头顶有冠羽，颌下有短毛或肉垂"，故称双鸟形佩。邓淑苹也倾向于鸟形，但着眼于中心部位的卷角和双孔，她认为"似乎是结合两件勾云饰而成，其意义应与之有关"，所以"它们应该不是猪龙的抽象表现。但如果释其为一对凤"，那么"它已完全抽象化了，中央镂空的圆弧形部分，是否表示鸟喙中的空隙？圆孔是否象征凤眼"？杨美莉则把勾云卷角作为红山文化的精神符号来看，认为"造型的原始灵感，想来即是来自于对强劲有力的鹰类之模仿"，"对狩猎生活的红山先民而言，鹰锐利的双眼以及弯而带钩的喙和爪，是他们希望拥有的利器，故此取鹰喙、爪之形做成勾云形器来崇拜"。最早主张兽面说的为江伊莉（Elizabeth Childs-Johnson）。她引邓淑苹文，认为"佩正中央用以穿系绳组的小孔，应置于上方。佩上所琢为一个动物面，一双眼睛正视观者。下方为一横长的口部，露出七组两两并列的獠牙。两侧端有圆转的弯钩。与红山文化的猪龙有关，或为其抽象化的表现"。陆思贤则主张鸟兽等多种动物结合说。他从图腾神出发进行分析，认为"从勾云形玉佩的形状结构说，至少反映两种物类的崇拜，一是对旋转物的崇拜，二是对角物的崇拜"，"红山文化死者身上佩的小玉龙或勾云形玉佩的本义，也是勾云形玉佩中心部位作'旋转形'的深层含义"，而"勾云形玉佩的四个勾角，有蹼足型、鸟喙型等区别，旨在突出角的多元性"。

关于以鸟或兽的某种具体形象来解释勾云玉佩的原型，我们认为大有可商榷之处。因为鸟和兽的形象是红山文化玉器主要且比较固定的题材，它们的造型、表现手法虽已不同程度地抽象化，但基本特征仍以写实手法表达出来，并已表现出一定的规律性。就鸟形而言，已知的多件红山文化玉鸟，除造型都为正面展翅以外，头部及耳、目、喙、翅和尾或刻线或雕磨，都有刻意表现，具有很强的写实感。故勾云形玉佩的中心部位和四角的卷勾虽形似鸟首，却都不大可能是"鸟喙"之类，何况每个卷勾的中部都另加工出隐槽纹。至于双勾形勾云玉佩中心部位的双孔，原是玉佩中心部位卷勾与佩体之间镂空的一部分，是因中心卷勾下部与佩体连接部分加宽而形成的，所以并非鸟或兽的眼睛，而更可能与追求固定的系绳部位有关。此外，红山文化玉器中兽的眼睛是以浅刻的圆圈和稍凸起的梭形表现，眼睛中心部位大都为鼓起的效果，如玉雕龙眼睛的表现手法，而非钻孔。完整的兽面形象在红山文化玉器中也已多次出现，它们似玉雕龙的展开形象，而与双勾式勾云形玉佩的风格完全不同。所以，勾云形玉佩，无论是单勾式还是双勾式，原本都与鸟或兽无关。

苏秉琦先生从红山文化与仰韶文化的关系入手，提出红山文化的勾云形玉佩与仰韶文化一种以玫瑰花为原型的彩陶花纹图案有关，可称为"玉雕玫瑰"。苏先生虽未再作具体论证，但这一提法给我们以很大启发。苏先生的这一观点涉及与红山文化大致同时且有密切关系的仰韶文化。据他的研究，分布于黄河中下游地区的仰韶文化在发展中分出半坡和庙底沟两个各自独立又相互紧密依存的文化类型，其中庙底沟类型的彩陶花纹以两种花卉图案作为母题，第一种是覆瓦状花冠，属蔷薇科的玫瑰；第二种是合瓣花冠，属菊科。这两种花的原产地都是中国，其中玫瑰花图案生命力极强，在仰韶文化分布中心西起陕西宝鸡东到河南伊洛的八百里秦川内外，经历了从完整图案到解体、简化的过程。庙底沟文化类型是中华远古文化中以比较发达的原始农业为基础的、最具中华民族文化特色的一个"火花"，影响面最广、最为深远，大致波及远古时代的"中国"全境。庙底沟类型由中心区向四周的扩展可以从玫瑰花图案的分布及演变中找到轨迹。在庙底沟类型分布中心区到处可见枝、叶、蕾俱全的完整型玫瑰花图案"一枝花"。向东发展，在洛阳至郑州之间的仰韶文化玫瑰花图案已演化为"一朵花"，即只保持覆瓦状花冠，之后又简化为"S"纹和"X"纹。向东北方向发展，经过山西省境，沿太行山西麓到达河北省西北部张家口地区的桑干河上游，在那里发现的玫瑰花图案仍是"一枝花"，而"一朵花"图案则越过燕山山脉，远达辽宁朝阳、阜新地区的大凌河流域，即红山文化的分布中心范围。在这里，红山文化对仰韶文化以彩陶为主要内容的先进因素进行了大幅度吸收，之后两种文化又产生碰撞，最终在红山文化的中心区出现了规模宏大的礼仪性建筑群"坛、庙、冢"和玉雕龙等新文化因素，简化的玫瑰花图案也在这一文化交汇过程中成为红山文化一个重要组成部分。红山文化的玫瑰花图案以覆瓦状花瓣相扣形成的卷勾纹为基本形态，是双勾上下或左右相对的布局，有这种花纹图案的彩陶多见于红山文化分布区的南部，大凌河流域的牛河梁、东山嘴、胡头沟等遗址和墓地都有大量发现，主要是与祭祀有关的盖盆和积石冢上陈设的筒形陶器。积石冢内随葬的勾云形玉佩的"卷勾"，就是取彩陶上简化玫瑰花瓣"卷勾"的基本特点，形成中心部位盘卷勾云与四角勾云的结合体，像兽面的双勾式勾云纹玉佩则是这种结合体的再结合，它们都是以简化玫瑰花的覆瓦状花瓣图案为原型的。

至于勾云形玉器的功能，应以出土情况为主要依据。目前所知该类型玉器出土时多为竖置，反面朝上，出土位置多在墓主右胸侧，规格最大的一件出在头骨左侧，不同于佩饰，却似史前诸文化斧钺类器物的出土位置。由此我推测，勾云形玉器为神权的象征。这类玉器常见于大墓甚至中心大墓（如牛河梁遗址N2Z1M20、N5Z1M1和N16M2），且为玉器组合中个体最大、放置位置显要、最具特征的一种，其制作难度极大的饰纹及所表达的特殊神秘效果也进一步证明了这一点。此外，红山文化积石冢中多有以玉雕龙为代表，包括龟、鸟等一类神化动物造型的玉器，它们虽有缀鼻或穿孔，但部分个体大而厚重，已非一般装饰品，而应是神职人员所掌握的玉神器，是神权的体现物。牛河梁遗址第五地点一号冢中心大墓墓主双手各握一龟（鳖），是掌握神权的形象表达。

这里再谈一点红山文化与仰韶文化的关系。如前述，同步发展的以玫瑰花图案为原型的勾云形玉佩（玉雕玫瑰）和在彩陶龙纹影响下出现的玉雕龙，都是在红山文化与仰韶文化的相互交流中产生的。以花为原型和以龙形象为原型的两种基本图案母题，既各有发展脉络，又相互交融。勾云形玉佩（玉雕玫瑰）与玉雕龙虽尚未见共出于一墓，但已见共出于一冢，如牛河梁遗址第二地点一号冢相邻的M4和M14分别随葬玉雕龙和勾云形玉佩。而积石冢上成排的彩陶筒形器中，简化玫瑰花画案与龙鳞纹图案不仅见于一冢，而且见于一器之上。说明花与龙在红山文化中已有多种形式的组合。红山文化与仰韶文化南、北两种不同经济类型、不同文化传统的古文化交汇，是公元前3000年前后影响中华远古文化全局的大事件，而花与龙的密切交融结合可以看作这一文化关系的结晶。产生于黄河流域仰韶文化庙底沟类型的玫瑰花图案，在与红山文化结合过程中经过提炼，其生命力更加旺盛。花与龙对后世的影响，从具体装饰图案到思维观念几乎无所不至，因而成为中华民族传统文化中一枝永开不凋的"花"。这不禁使我们联想到从古至今海内外炎黄子孙对"华人"和"龙的传人"的认同感。以上所述虽已超出了我们研究勾云形玉佩的初衷，却也从另一方面揭示了包括勾云形玉佩在内的红山文化诸因素在中华文明起源和发展过程中所起的特殊作用。

三

马海玉：精美的红山文化玉器一直备受瞩目的原因，除了其具有独特造型外，更重要的是晶莹剔透的玉质，我们应如何认识红山文化玉料来源？

郭大顺：关于红山文化玉器的来源可以从两个方面来谈。一是红山文化玉器与岫岩玉的关系。近几十年来，对红山玉料是否为岫岩玉的研究经过了由推定到基本否定再到倾向于肯定的过程，可以说是认识的三个阶段。20世纪80年代中期，红山文化玉器刚刚被确认，学者多将其玉材与邻近的辽宁东部山区岫岩玉相联系，以为来自岫岩一带。20世纪90年代初，辽宁省文物考古研究所邀中国地质部地质研究所闻广先生对红山文化玉器进行取样鉴定，结果除个别为蛇纹岩或方解石、天河石、滑石等，大多数为透闪石软玉。而常见的岫岩玉料都为蛇纹岩而非真玉。红山文化玉材来源于岫岩玉的观点由此产生分化：有的学者以鉴定结果为依据，提出红山文化玉材可能另有来源，并指出岫岩县以东的宽甸县有色泽与红山文化玉器类似的透闪石软玉矿。有学者仍坚持岫岩说，因为岫岩有老玉矿为透闪石软玉。最近几年，北京大学王时麒等地质学者对岫岩玉矿做了进一步调查、取样分析和比较，其结果显示，不仅岫岩的老玉矿，即被称为细玉沟的矿脉确藏有透闪石软玉，以蛇纹岩为主的矿体中同样也含透闪石软玉。因此，红山文化玉材可能来自岫岩玉矿的观点又被提起。因为岫岩所在的辽东山地不属于红山文化分布区，在辽东地区尚无红山文化遗迹发现，且由岫岩玉矿生成地带到红山文化分布中心区的直线距离虽仅400余公里，但间隔千山山地、辽河、医巫闾山、大凌河与辽西丘陵，分属辽东和辽西两个文化区，所以需对两地史前时期历史文化关系做进一步调查研究，这是最终确认红山文化玉材与岫岩玉矿关系的重要一点。

我曾对岫岩玉矿生成地带所在的辽东山地史前玉器出土情况做过综合考察，辽东山地的东南一侧面向黄海，西北一侧则与辽河平原区较为接近，其文化特征似介于辽河平原和黄海沿岸之间。岫岩玉矿生成地带曾发现过旧石器时代晚期的海城小孤山洞穴遗址，在距今6000～4000年的新石器时代中晚期也一直有人类活动。值得关注的是，辽东地区各区域、各阶段史前文化大都有包括玉工具在内的玉器发现，依岫岩玉矿生成地带为中心可分为几种情况：岫岩玉矿生成地带所出史前玉器，目前只有一处遗址有明确发现，即岫岩县城西北营子村坝墙里屯北沟西山遗址。岫岩玉矿生成地带周边所出史前玉器，主要为后洼遗址下层、上层所出玉器。岫岩玉矿生成地带邻近地区所见史前玉器，主要为辽河平原区新乐遗址和辽东半岛南端及海岛区所出玉器。需要指出的是，辽东地区大规模的考古发掘工作是20世纪70年代以后才开展起来的，至今已发掘的遗址甚少，且每处遗址的发掘面积也较小，遗物大多为遗址地层所出，极少有墓葬随葬品。尽管如此，该地区出土玉器的数量却不少，特别是几个只做过地面调查和小范围试掘的遗址也有玉器发现，说明辽东地区史前遗址的玉器发现率是相当高的。这些玉器多为工具类，也有非工具类，充分说明辽东史前部族都是喜用玉器的。由于这些部族就活动在岫岩玉矿生成地带，可以接触不同生成条件的岫岩玉矿，因而具备就地取材的条件。在岫岩北沟和大连文家屯发现了用管钻法钻孔所遗留的玉芯，在文家屯遗址还采集到玉钻头，在旅顺郭家村遗址采集有残留擦切痕迹的岫岩玉废材，四平山积石冢更有以玉原石随葬的现象，这些都是古人在当地采集、制作玉石的证据。不过，辽东史前文化用玉虽有一定数量，但一般为小件，尚未发现大件玉器；发现玉器的遗址点虽较多，但具体到每一个地点的数量却相对较少，尚未发现规模较大的成群玉器。

　　既然红山文化玉料的来源尚不能确指为岫岩玉，那么可以广开思路。我曾提出红山文化玉器与外贝加尔湖地区玉料的关系问题，并于2005年为在江苏省江阴市召开的玉学研讨会提交了题为《从"以玉示目"看西辽河流域与外贝加尔湖地区史前文化关系——兼谈红山文化玉料的来源》的论文。这也是我们要谈的第二个方面。近年来，在红山文化分布区以东的广大东北地区有多处新石器时代遗址发现有玉器，除前述辽东地区以外，吉林与黑龙江地区的史前文化遗址不断有玉器发现，且已积累了相当可观的数量，这些玉材的产地也是一个问题。吉黑地区的史前玉器，不仅数量有了相当的积累，而且种类较多，有的还是成组出土。值得一提的是，在吉林、黑龙江地区以及相邻的俄罗斯远东地区和日本列岛都发现了早于红山文化时期的玉器，有的可能相当于查海－兴隆洼文化时期。其中小南山等地所出玉玦和玉匕形器，与辽西地区查海－兴隆洼文化的玉器在形制和组合上有相似之处，说明吉黑地区史前玉器中有的时代可能较早，或许与红山文化玉器的前身有关。东北亚地区的俄罗斯远东地区和日本本州地区所出玉玦或玉玦与玉匕形器的组合时代都在距今6000年前，日本北海道等地还发现了旧石器时代晚期的玉器，进一步证明了吉黑地区乃至更北的俄罗斯远东和日本北部史前玉器时代较早的可能。此外，尤为值得注意的是贝加尔湖地区盛产透闪石玉，部分玉料的质地、色泽都近于红山文化玉器。鉴于红山文化的分布范围向北部的蒙古高原延伸，或许可以考虑红山文化玉料来源与贝加尔地区的玉矿有关。对此香港中文大学邓聪先生也有专门研究，认为红山文化及东北其他地区史前文化玉器的玉料来源和制作技法都可以分为与贝加尔地区有关的一系，以及与岫岩玉矿有关的一系。这一观点很值得重视。

四

马海玉：您曾提出红山文化"唯玉为葬"的理论思考，这与辽河文明起源有何关系？在您看来，红山文化玉器的起源和渔猎文化有何关系？

郭大顺：红山文化"唯玉为葬"，不葬或基本不葬陶、石器，显然是一种很特殊的社会文化现象。这种现象出现于正在跨入文明时代的红山文化，必然有其特定含义。

首先要强调的是，红山文化时期在表达人与人关系时有精神重于物质的思维观念。中华文明起源的一个重要标志是反映人与人关系变革的礼制的出现。王国维释"礼"（禮）字为"象二玉在器之形"，为"以玉事神之器"，表明玉与礼的密切关系。礼器有多种类别，就史前诸文化而言，礼器的材料、功能也是多种多样的，尤其是与玉器共出的大量陶质礼器。而独以玉作为"礼"字创意的依据，只有红山文化的"唯玉为葬"与之完全吻合。这不仅进一步证明玉器是最早的礼器，而且表明"唯玉为礼"才是"礼"的初意。与陶、石器等与生活、生产有关的器类相比，玉器是一种完全脱离实用功能而表示观念形态的器类。在红山文化墓葬中以纯属精神文化范畴的玉器作为唯一随葬品而"排斥"其他与物质文化有关的器类，说明红山人在表达人与人关系变革时重视精神因素远在物质财富因素之上。

进一步理解，红山文化玉器在表达思维观念和精神因素方面最集中的体现在于作为通神工具及其代表的独占性。红山文化墓葬中虽以玉器为唯一的随葬品，但在各类墓葬中随葬数量一般均甚少，即便中心大墓和大型土圹石棺墓一般也不超过10件。如属于红山文化"最高层次中心"的牛河梁遗址随葬玉器的26座墓中，随葬玉器超过10件的墓只有1座（M21）；随葬5件以上的仅7座，包括中心大墓和大型土圹石棺墓各2座；随葬3件和3件以下的16座。与此形成鲜明对照的是红山文化积石冢的规模都很大。如牛河梁的中心大墓和大型土圹石棺墓的墓坑面积多在9~16平方米，近于或大于同时或稍晚期的大汶口文化、良渚文化、陶寺文化、山东龙山文化的大墓，如把整个积石冢的面积也计算在内，面积一般可达200~400平方米。墓葬的巨大规模与数量有限的玉器随葬品不相称，反衬出随葬玉器分量之重，含义颇深。这些玉器不是象征财富，也不限于表现等级差别，而是有特定的实用功能，那就是作为通神的工具。红山文化玉器中多见神化动物形象，有方圆一体的玉璧和其他神秘造型的器种，同种玉器常成对出现，这些都表明了玉器所具有的神器性质和功能。与此相关的是牛河梁遗址各地点的积石冢多与祭坛结合的布局。冢体和祭坛有方有圆，或方圆结合，部分三层圆结构的祭坛酷似北京天坛的圜丘。冢、坛又围绕神庙而设置，表现出浓厚的宗教祭祀氛围和以神（应也包括天和地）为明确的祭祀对象。玉器作为祭祀中不可替代的组成部分，其通神功能是显而易见的。古史关于"以玉事神""玉为神物"的种种记载，说明古人一直是把玉器作为通神工具的。与此同时，作为通神工具的玉器在积石冢中已有向大墓特别是中心大墓集中的明显趋势。中心大墓出土玉器数量相对较多，且多大件、用料精。红山文化代表性玉器种类及组合亦多见于中心大墓。这些中心大墓以中小型墓为陪衬，封土积石，形成方形或圆形的巨大冢丘，高耸于山冈之巅，又层层叠起，充分显示了墓主人一人独尊的身份地位。他们首先是通神工具的独占者，是宗教主，同时也具备了王者身份。古史传说中有颛顼命重与黎"绝地天通"的记载。据研究，颛顼属五帝时代前期，其所处时代与个人事迹与红山文化及同时期其他相关史前文化有吻合之处，故而这一记载应是时代特点的忠实记录。红山文化的"唯玉为葬"在表现中国古代文明葬玉这一文化特点时似更具典型性。

　　与玉器通神有直接关系的是要最大限度发挥玉的本质特色这一点。红山文化玉器的通神功能可以从制玉工艺技法及由此产生的玉器一系列特征中反映出来，这也就是玉本质特色的最大发挥。这一点可以从以下几方面理解：一是红山文化时期玉料加工已普遍使用切割成材技术，经切割后的玉材棱角锐利，形状趋于规整，但是红山人并不直接利用这一成形条件，而总要再加工使这些棱边圆润光滑。二是红山人已掌握了管钻法钻孔技术，钻后孔缘的锐棱都要再加工，使钻孔不失规整的同时突出圆润的效果。这显然是一道很费功夫但又必不可少的工序。三是从已发现的有纹饰的玉器看，红山人已掌握了在玉器上刻划复杂花纹的技术，但他们对在玉器上刻划装饰极为慎重，除对动物的头部和鸟类的羽翅等进行必要的刻划以外，一般皆通体抛光。所见红山玉器装饰工艺有特点的可举出两种：一种是以浅圆雕的技法表现动物头部五官，如阜新胡头沟和牛河梁所见玉龟和玉鸟，各部位不甚显露却很准确；一种是在玉器表面出一种我们称为"瓦沟纹"的起地阳纹，多出现在板状玉器如勾云形玉佩或有弯度的玉臂饰上。以上两种装饰工艺的制作难度要高于其他刻划纹饰，可以对人的视觉产生很大冲击，纹饰随着光线照射角度的变化时隐时现，可以最大限度地以玉质本身来表现一些特殊效果，如立体感、层次感和神秘感。可见，红山文化玉器特殊的处理方法和由此形成的独特风格并非技术上的原始性，而是一种刻意追求，目的是使玉器自身的特性，如圆润、光泽等得以充分表现出来，表达了一种不是以人为因素，而是靠玉的自然特性来达到人与神之间沟通的纯真而神圣的思想观念。红山人很看重人与自然之间的协调关系。以玉器自然特性的最大发挥来达到人与神沟通的最佳效果，也是在人与自然和谐的思想观念指导下实现的。

以与自然界协调为本色，以通神巫术为主要内容的萨满教是东北及东北亚诸渔猎民族广为流行的宗教形式。红山文化"唯玉为葬"的思想观念也是东北渔猎文化区的特色。红山文化作为以当地为主发展起来的史前文化，有以压印纹筒形罐为代表的陶器群，经济生活中渔猎采集占有重要地位，应属东北文化区的一部分。但地处辽西的红山文化最先与中原农耕文化接触，大幅度吸收了仰韶文化包括彩陶在内的先进文化因素，特别是红山文化后期与仰韶文化庙底沟类型在燕山南麓桑干河畔的碰撞使红山文化产生飞跃，率先跨入古国阶段。由"唯玉为葬"到"唯玉为礼"，由通神工具到通神独占，是这一社会飞跃在意识形态方面的集中表现。这一社会飞跃是渔猎文化与农耕文化交汇的结果，也是以红山文化为代表的辽河文明起源的一个典型特征。

我曾于1996年在《北方文物》发表《玉器的起源与渔猎文化》一文，从两个方面对玉器起源与渔猎文化有关的观点加以论证：一是从石中最终将玉分辨出来，一是对玉的特定加工方法。古人从石中选出质地、色泽、硬度都适中的"温其如玉"的，赋予它社会化、人格化的功能，是需要对玉的特性有深刻认识的。而为了使玉的特征充分表现出来，加工时采用了十分耗时费力的以砂为介质的间接摩擦法，所用砂质的硬度大于玉本身，这些是人类在漫长实践过程中逐渐摸索出来的。以上两个方面都同细石器的发达有着直接关系。对优质石料的鉴别、选择，以及对石材结构、性能的熟悉，都是在人们对细石器的制作和使用过程中达到高峰的，这为认识和加工玉石积累了经验和技术条件。从这一点来说，把玉器的起源追溯到旧石器时代晚期不是没有道理的，因为旧石器时代晚期的技术革命就是以细石器的出现为主要标志的。弓箭、鱼镖等复合工具的发明把渔猎引向一个新阶段，使人类能够更有效地进行大型围猎，捕获走兽、飞禽、游鱼，活动范围随之扩大，中国南北方之间，欧亚大陆东西方之间开始有了交流，人类具备了战胜寒冷的能力，开始走向大北方，进入新大陆。这是农业革命以前人类历史上的一次飞跃，也是玉器出现的深厚历史背景。辽宁省海城小孤山旧石器时代晚期洞穴遗址出土的一件玉砍斫器引起了研究者们的广泛注意，有学者认为这就是中国玉文化的源头。虽然这只是一件玉质工具，严格意义上讲还不属于玉器范畴，但该洞穴遗址同时出有带倒刺的骨鱼叉和骨鱼镖。它们透露出一个重要信息，那就是人类是在渔猎经济发展到一个新的阶段、制作细石器并趋于熟练时开始接触和认识玉石的，这一过程大约发生在旧石器时代晚期。也就是说，玉器的起源同渔猎文化关系密切，在人类社会物质生产和精神生活的发展史中有其必然性。近年来在黑龙江省乌苏里江左岸小南山等遗址发现了距今近万年的玉器，已有环、璧、管以及玦等基本类别，被誉为中国古代玉器的摇篮，是玉器起源于渔猎文化的进一步证明。

五

马海玉：您曾经从世界史的角度提出过"彩陶之路"和"玉石之路"的文化传播论，试问这两条传播路线有何不同的特征？

郭大顺：在红山文化的形成与发展过程中，其与周邻文化的交流一直起到十分重要的作用。虽然随着西辽河流域文化系列的建立，更多地从当地自身发展看待其形成发展过程，但其与邻区的文化交流成果仍不断显现。特别是牛河梁遗址的发现，这样超大规模的祭祀性遗址在辽西出现，除了自身的发展以外，文化交汇的作用也应被视为一个重要推动力。学界目前讨论较多的是红山文化与中原地区后冈一期文化以及仰韶文化庙底沟类型的南北交流，但已有学者注意到了红山文化与域外文化的关系。1989年，在英国伦敦大学亚非学院讲授中国考古学的汪涛先生考察牛河梁遗址时曾提出"从世界史角度研究红山文化"。对此他解释说，一些研究西方考古的学者也在关心辽西地区红山文化的考古新发现，认为一些因素与西部有关，如石头建筑、神庙和人塑像等，应该相互进行比较。其实早在东山嘴遗址发现的1983年，苏秉琦先生就将西辽河流域古文化在文化传统上若断若续、变化很大但又有一些相对稳定因素的现象与中原和欧亚大陆的文化交流进行了联系，认为"如果我们对这个问题能够给予理论的说明，那将意味着我们这门学科前进了一大步，表明我们掌握了解了长城地带古代文化发展脉络的手段，并且找到了连接我国中原与欧亚大陆北部广大草原地区的中间环节"。

从"彩陶之路"可以看红山文化与西方文明的联系。1993年，苏先生由阿鲁科尔沁旗出土的一件彩陶罐的花纹对红山文化与域外关系做了阐述："在这里出土的红山文化彩陶罐，绘有来自中原的玫瑰花、中亚大陆的菱形方格纹和红山本土的龙纹等三种图案，是欧亚大陆汇合点迸发出的火花，这意味着五六千年以前，这里是西亚和东亚文化的交汇地带和熔炉。"这个筒形罐很有特色，它是半面带彩，另半面没有彩。苏先生说这是红山文化的"国徽"。牛河梁遗址发现彩陶较多，图案可分为同样的三类：一是红山文化吸收仰韶文化玫瑰花图案而形成的勾连花卉纹；一是红山文化采用仰韶文化彩绘手法创造出的具有自身特点的龙鳞纹；一是苏先生提到的具有中亚和西亚文化特征的各式连续几何纹。牛河梁遗址中几何纹约占彩陶图案的1/3，有菱形方格纹、直角和等腰三角纹、大三角勾连折线纹等，这类连续几何纹还经常与勾连花卉纹或龙鳞纹组合形成复合图案，表明其已融入红山文化，成为该文化的重要组成部分。这种连续几何形彩绘图案在内蒙古中南部的海生不浪文化也有类似发现，似存在一条由西向东的传播路线，或可称为"彩陶之路"。红山文化与西部关系远不限于彩陶。除前述西方学者关注的石头建筑、神庙与神像以外，孕妇小雕像在欧亚大陆到东北亚的旧石器时代晚期到青铜时代遗址中普遍有所发现，但在中国一直未被发现，而红山文化屡有出土，应不是偶然的。有关东西方文化交流的通道，除中原洛阳、长安向西的陆上丝绸之路外，还有海上丝绸之路和草原丝绸之路。草原丝绸之路主要指公元三到五世纪前后如萨珊王朝的金饰品、玻璃器经辽西到日本列岛的传播，向前追溯则有青铜时代北方青铜器由西向东的传播和影响，有夏家店下层文化和小河沿文化时期的东西交流。红山文化时期的"彩陶之路"时间较早，是草原丝绸之路的前身。

"玉石之路"指的是红山文化和环太平洋地带的联系。早在牛河梁遗址发掘之初，1987年1月18日的《人民日报》以《美洲印第安人源于亚洲》为题，转载了《瞭望》1987年第1期刊载的新华社负责人庞炳庵与墨西哥全国人类学博物馆馆长莫克特苏马的谈话，文中提到旧石器时代晚期美洲北部与亚洲石器的相似性和古代印第安人具蒙古人种特征，可能证明古人类曾越过白令海峡来到美洲大陆，"中国最近在辽西发现的五千年前的古代文物中，女神头像、陶质女裸体小型像等，与古代印第安文物相似，而中国的东北地区，正是古代亚洲人前往美洲的必经之地"。对于美洲古代文化与东方、主要是东北亚地区古文化的相似性，张光直先生在分析比较中国商代与中美洲玛雅文化的文化类似点时提出"文化底层"的概念，即并非两者的直接联系，而是旧石器时代晚期新旧大陆交流形成的以共同的巫术宇宙观为主要内容的文化底层，或称为"环太平洋的底层"；同时张先生也已注意到亚洲东北与北美西北海岸印第安人在这一比较中的特殊性。在环太平洋地区古文化关系中，红山文化与东北亚地区古文化的关系是其中的重要一环。近年学界多从各地出土的玉器探讨红山文化与东北亚地区的文化联系。1984年红山文化玉器刚公布时，台湾学者邓淑苹提出由三星他拉村出土的一件玉龙的墨绿玉杂有黑色斑点，可能为西伯利亚地区所产的角闪玉。1998年，在香港中文大学举办的玉器研讨会上，俄罗斯学者S.A.科米萨洛夫、日本学者加藤晋平都介绍了贝加尔湖地区史前文化的玉器。那里用玉历史甚早，而且以璧、环、玦等环形玉为主，有的玉璧形近方圆，内外缘薄，很具红山文化玉璧特征。我受各位学者启发，也曾提出红山文化玉料的来源可以考虑与贝加尔湖的关系。香港中文大学邓聪进一步论证，包括红山文化玉器在内的中国东北玉器的部分玉料可能都来源于贝加尔湖地区。红山文化与贝加尔湖地区文化密切关系的进一步证据，是日本学者藤田夫士夫对兴隆沟遗址眼眶内嵌玉玦与贝加尔湖地区史前文化中同样实例的比较，其联系牛河梁遗址女神头像嵌玉片为睛的做法，认为辽西地区史前文化与贝加尔湖地区史前人类有着相近的习俗。史前玉器在环太平洋文化圈的传播又以玉玦最为突出，且有环状玦和管状玦、玦和玉匕形器两种组合。辽西地区兴隆洼、查海等遗址的玉玦和有关玉器有多个传播路线，一路向东，在日本海东岸时代略晚的福井县桑野遗址有同样组合玉器出土；一路向南，燕山以南的天津牛道口、太行山西侧的河北北福地都有玉玦和玉匕形器出土，到山东的小荆山也出有玉玦，但时代略晚。距今六七千年的长江下游河姆渡及马家滨文化、崧泽文化也有较多玦发现。环状玦和管状玦、玦和玉匕形器两种组合的考古关系在环日本海地区和环太湖地区反复出现，是规律性现象，说明玉玦的起源是一元的。再一路向南，我国华南地区、台湾地区，乃至海外的菲律宾、越南等地都有时代较晚的玉玦出土，形成一个"玦文化圈"。红山文化玉器因素在东南沿海地区也常有发现。如山东大汶口文化和环太湖地区的崧泽文化及相邻文化中常有红山文化式玉璧和多联璧出现。红山文化屈肘于胸前的玉巫人在凌家滩文化发现多件，这种姿势也见于台湾民族学资料中的排湾族祖灵像，可视为这一通神形象在环太平洋文化圈的延伸。2004年，第三届中国北方古代文化学术研讨会在赤峰召开，会上台南艺术大学黄翠梅、叶贵玉提交了一篇题为《从玉石到玉器——环太平洋地区玉文化之起源与传布》的文章，提出环太平洋有三大玉文化圈，即东亚、中美洲和南太平洋岛屿。这三大玉义化圈以东亚玉文化圈时间最早、延续时间最长，其他两个玉文化圈可能是受到东亚玉文化圈的影响而形成的。而在东亚玉文化圈中又以西辽河流域的查海-兴隆洼和有关文化时间最早，红山文化最为兴盛，对周边地区影响也最大。由此可以认为，西辽河流域是环太平洋玉文化圈的起点。

红山文化在这样大范围的文化交流中如此活跃，与其具有东北文化渔猎人的本性有关。渔猎文化以随动物群流动为主要生活方式，由此培养出开放而不封闭的文化心态。开放的渔猎人有对各种文化，特别是对不同经济类型、不同文化传统的诸文化先进因素大幅度吸收的先天优势，能将其与本土文化有机地融为一体。对此，美国文化人类学家C.恩伯和M.恩伯也曾提到，因获取食物的随时性程度不同，渔猎人较农业社会更强调独立性与自力更生，鼓励个人的创造性活动。以此看红山文化时期的西辽河流域，既是"彩陶之路"的东端，又是"玉石之路"的起点，正是沟通东西方的"彩陶之路"与环太平洋的"玉石之路"的交汇点。这也许是红山文化在中华大地较早跨入文明社会的一个重要推动力。所以，从世界史角度看待红山文化是深入研究红山文化的一把钥匙。

六

马海玉：如何从红山文化玉器角度认识"礼源于俗"？如何看待中国文化从"唯玉为礼"到"以玉比德"的发展道路？

郭大顺：这个问题涉及思想史，属哲学范畴，对我们来说完全是陌生的领域。我们试图进入这一领域源于费孝通先生倡导的以"中国古代玉器与传统文化"为主题的几次研讨会，在撰写论文时有较多思考。费先生倡导的研讨会，第一次是2001年在沈阳召开的，以红山文化玉器为主要研究对象。我为会议提交了题为

《从"唯玉为礼"到"以玉比德"》的论文，费先生在闭幕式讲话时对该文进行了点评。费先生主要注意到文中所述由红山文化的"唯玉为葬"习俗可以引申出"通神为礼"，进而到春秋时期孔子的"以玉比德"，前后可能有承袭关系。这也比较符合费先生最初倡导的以中国古代玉器认识中华传统文化的初衷。此后在杭州和成都召开的第二、三次研讨会上，我又根据费孝通先生在沈阳会议上的讲话，并参考李泽厚先生有关"巫术传统"的研究成果，提交了《从史前玉礼器的演变看"礼源于俗"》与《再谈"礼源于俗"》两篇论文。这三篇文章主要是试图从史前玉器探讨礼的起源，进而从礼的起源理解礼的本质。

其实早在红山文化玉器确认之初的20世纪80年代中期，根据红山文化玉器如玉雕龙、勾云形玉器、斜口筒形玉器等既高度抽象化，造型和纹饰又在南从大凌河流域、北到西拉木伦河以北的广大分布区内完全一致的严格规范化特点，我们就判断其背后必有强大而统一的思维观念的制约，并同礼的起源相联系，当时称为"礼的雏形"。前面提到过，在总结出红山文化墓葬中只葬玉器，不葬或极少葬史前考古文化中常见的石器与陶器等随葬品的"唯玉为葬"时，我们认为这一葬俗与王国维先生释"礼"（禮）字的初意为"二玉在器之形"，是"以玉事神之器"完全吻合，说明以玉通神即为礼，玉器是最早的礼器，而红山文化玉礼器是典型代表。除此以外，我们还将红山人最大限度发挥玉及玉质地特性以达到通神的最佳效果与孔子以玉比喻人的德行相联系。玉的质地、光泽、结构、声响等自然特性都被孔子赋予了道德价值的属性，如"温润而泽仁也""君子温其如玉"等，这与史前时期以玉本质的最大发挥达到通神最佳效果的观念是完全相通的。2700多年前的孔夫子对史前人赋予玉的自然特性以人格化功能的思维方式是心领神会的，其在倡导儒家以"仁"为核心内容的人的品德时，直接延续了先人以和谐而通神的观念，体现出中国古代思想家对文明迄始阶段思想观念的继承。尽管从史前到春秋时期人的思维观念变化很大，但礼的本质不变。我们从史前已形成的，以玉的自然特性表达人与自然协调关系的思想观念向人际关系的延伸中，可以清晰地理出玉器由"以玉事神"到"以玉比德"，由文明起源标志到中华传统美德载体的演化脉络。

我为2001年沈阳研讨会提交的论文是对以上观点较为系统的论述，此后的思考则主要是想到要对礼的起源与史前玉器的关系进行更深入的阐述。史前以玉器通神属于巫术，一般"敬鬼神而远之""未知生，焉知死"等儒家言论，认为巫与礼有对立的一面，是前后替代关系。当时我正好读到李泽厚先生《己卯五说》一书，书中"说巫术传统"一章论述了"德"与"礼"，强调了巫术传统的神圣性，以及周初由巫而史，将上古祭祀祖先、沟通神明的巫术礼仪全面理性化的过程，认为德和礼就是这一理性化完成形态的标志。李先生虽然没有专门谈到玉器在这一过程中的作用，但是引用了刘师培在追溯礼的起源时"上古之时，礼源于俗"的名言。这里的"俗"指民间巫术，正好同史前时期以玉通神有一致性。这对我有很大启发，于是在为2013年杭州研讨会提交的论文中，以红山文化和良渚文化两大原生型玉文化中心各自的区域性特征及相互关系为依据，分析随葬玉器的等级差别，特别是玉器和祭坛等遗迹所反映的当时祭祀活动的发达。文中引《礼记·祭统》"礼有五经，莫重于祭"，对玉与礼、巫与礼的密切关系做了进一步考察。此外根据费孝通先生在沈阳研讨会上所讲礼与法的比较，即法是强制性的，而"从礼到德，是用自己的力量来约束自己的，是一种内化的自觉行为"，以及李泽厚先生从东西方宗教信仰比较中得出西方是上帝创世纪的"两个世界"，是"神人异质"，中国是以祖先崇拜为主的"一元世界"，是"神人一体"的观点，探讨了礼的内化自觉。

我们还可以从中国史前时期各大区由频繁交汇到走向多元一统的文化格局看礼的强大维系力。苏先生多次强调，辽西地区红山文化坛、庙、冢群三位一体组合就是红山文化与仰韶文化北南碰撞所产生的文明"火花"。而东西方文化交汇的表现是中原地区以东南方大汶口文化的陶礼器"鼎、豆、壶"逐步代替仰韶文化彩陶和小口尖底瓶，为仰韶文化向龙山文化的过渡以及三代文化在中原地区的发展奠定了基础。南北、东西文化交汇所获得的这些成果不同寻常之处在于，无论是南北文化交汇所产生的"坛、庙、冢"，还是在东西方文化交汇中扮演着主要角色的"鼎、豆、壶"，都分别成为后世礼制的主要内容。而且"坛、庙、冢"和"鼎、豆、壶"的初现不在中原地区，却都在中原地区实现了"理性化"过程并被历朝历代延续下来。玉礼器作为其有机组成部分，从东部沿海自北而南影响到中原地区，并在中原地区完成了从"唯玉通神为礼"到"以玉比德"的演变。

在向2006年成都研讨会提交的论文中，我在继续从玉器与巫者关系探讨"通神为礼"与"以玉比德"的历史联系以及礼的内化自觉和维系力的同时，又提出了从多元交汇中看礼中庸又积极进取的价值观。这样，从礼的起源探讨礼的本质已讲到三个方面，即礼的内化自觉、礼的强大维系力、礼的有度又积极进取的精神。由此引申出当前热烈讨论的如何处理民族间、国家间以及人与人、人与自然的关系，这些都涉及中华文明起源的重要特点，也为理解礼的本质提供了实证，突显出玉文化研究的历史意义与现实意义。

以上可以说是我们响应费孝通先生倡议的一次有意义的实践。苏秉琦先生也曾提出过考古学要走哲学化的发展方向。冯友兰先生还讲过历史学如能深入到思想史领域，就有如"画龙点睛"。2013年的杭州玉器研讨会上，张忠培先生在总结讲话时也提到我的论文涉及思想史，给我很大鼓舞。今后我们在研究古代玉器研究红山文化玉器时应该把古代玉器与思想史的关系作为一个重要课题。

（录音整理：郭艳秋）

学术专论

半拉山墓地出土玉环及相关问题研究

熊增珑[1]   樊圣英[2]
1.暨南大学历史学系
2.辽宁省文物考古研究院

半拉山墓地是近年来红山文化考古的一项重要发现，曾入选"中国社会科学院考古学论坛·2016年中国考古新发现"。该墓地位于辽宁省朝阳市龙城区召都巴镇大杖子村北600米的山坡上，海拔高度278米，西南距牛河梁遗址约80公里。经过考古发掘，确认该墓地年代为红山文化晚期。除了发现北部重要的祭祀遗迹外，出土的140余件玉器也同样具有重要意义[1]。其中出土的玉环数量最多，达到82件。本文从类型、质地、加工工艺等方面对该墓地出土的玉环做初步研究。

一、类型

环体平面呈圆形，内缘略厚，外缘渐薄，内孔有单面钻和双面对钻之分。除两件完全残破无法提取复原外，余80件根据环体外缘面和侧面的形状差异分为二型。

A型 57件。外缘面和侧面呈圆弧状，横截面近圆角三角形。

M71：1，完整。绿色，体表有黄色土沁斑点。质地较好。磨制精致，器表光滑，局部有一块未打磨平的疤痕。形制规整，平面近圆形。扁体，环体宽大、厚重，粗细略有不均，侧面较平滑，外缘稍薄，呈圆弧状，横截面近圆角三角形。孔为双面对钻，孔壁打磨光滑，呈圆弧状外凸。直径8.83、孔径6.4、厚0.77厘米（图一：6）。

M72：3，完整。乳白色，体表有黑色土沁斑点。质地较差，器表风化。磨制，表面粗糙。形制规整，平面近正圆形。环体纤细，两侧面呈圆弧状，外缘稍薄，呈弧形，横截面近圆角三角形。孔为双面对钻，孔壁呈圆弧状微凸。直径5.55、孔径

---

[1] 辽宁省文物考古研究所、朝阳龙城区博物馆：《辽宁朝阳市半拉山红山文化墓地的发掘》，《考古》2017年第2期；辽宁省文物考古研究所、朝阳龙城区博物馆：《辽宁朝阳市半拉山红山文化墓地》，《考古》2017年第8期。

4.53、厚0.41厘米（图一：1）。

M76：3，完整。乳白色，体表有一层黑色土沁。质地较好。磨制精致，表面比较光滑。形制规整，平面呈正圆形。环体粗大、厚重。侧面和外缘面呈弧形，横截面近马蹄形。孔为单面钻，一侧孔径稍大，一侧孔径略小，孔壁略内凹。小孔径一侧面上有数段不连续的浅细管钻凹槽痕迹。直径10.44、孔径7.88～8.32、厚1.34厘米（图一：5）。

M77：1，完整。青绿色，体表有黑色土沁斑点。质地较好。磨制精致，表面比较光滑。形制不规整，平面近圆形。环体粗细不均匀，两侧面较平滑，外边缘薄如刃，横截面近圆角三角形。孔为双面对钻，孔壁呈圆弧状微凸。直径6.59～6.76、孔径5.03、厚0.5～0.6厘米（图一：4）。

M78：1，完整。墨绿色。质地坚硬，含有杂质，不透明。磨制精致，表面比较光滑。形制不规整，平面近圆形。环体粗细不均。侧面呈圆弧状，外边缘较薄，横截面近圆角三角形。孔为双面对钻，孔壁呈弧形凸起，布满打磨留下的细小沟槽痕迹。直径6.18～6.51、孔径4.77、厚1.14厘米（图一：3）。

M78：2，完整。青绿色。透闪石，质地坚硬。磨制精致，表面光滑。形制规整，平面近圆形。环体磨制不规则，粗细略不均。侧面呈圆弧状，外边缘稍薄，横

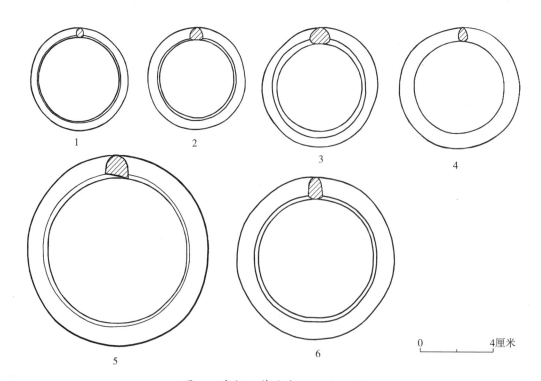

图一　半拉山墓地出土A型玉环

1. M72：3　2. M78：2　3. M78：1　4. M77：1　5. M76：3　6. M71：1

截面呈圆角三角形。孔为双面对钻，孔壁呈圆弧状微凸。体表有几处未磨平的疤痕。直径5.57、孔径4.24、厚0.75厘米（图一：2）。

B型 23件。外缘面和侧面较宽、平，面与面相交处棱角分明，横截面呈不规则的多边形。

M60：4，环体有一处断裂缝，整体保存完整。白色，体表局部有黄色钙化物。质地坚硬、细腻。磨制精致，表面光滑。形制不规整，平面近圆形。环体粗细不均，外缘窄、薄，内缘宽、厚，体表打磨不平整，由多个小平面组成，整体呈圆弧形，横截面近梯形。内孔为单面钻，孔壁打磨光滑，稍内凹，单侧边缘有一道凸棱。直径5.57、孔径4.1～4.57、厚0.75厘米（图二：4）。

M60：5，缺失一段，可复原。乳白色，器表局部有黑色土沁斑点和黄褐色钙化物。质地坚硬细腻。磨制精致，表面光滑，略显光泽。形制不规整，平面近圆形。环体粗大、厚重，打磨粗细不均，两侧面较平整，外缘面呈圆弧状，横截面近圆角梯形。内孔为单面钻，孔壁打磨光滑，稍内凹。直径8.96、孔径6.76、厚0.93厘米（图二：1）。

M67：1，环体有一处断裂缝，整体保存完好。乳白色，体表有黑色土沁斑点。质地较坚硬。磨制精致，表面光滑，略显光泽。形制不规整，平面近圆形，棱角分明，外缘面稍窄、薄，由两道棱和三个平面组成，横截面近梯形。内孔为单面钻，

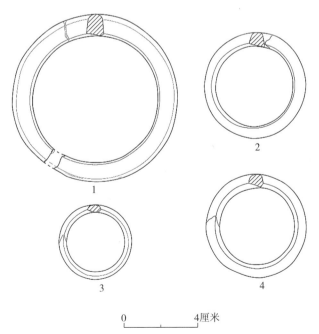

0   4厘米

图二 半拉山墓地出土B型玉环

1. M60：5 2. M67：1 3. M72：9 4. M60：4

孔壁打磨光滑，稍内凹。直径5.67、孔径4.31、厚0.82厘米（图二：2）。

M72：9，环体有一处断裂缝，整体保存完整。白色，体表有黑色土沁斑点。质地较差，器表有风化。磨制精致，表面光滑。形制规整，平面为圆形。环体纤细，外缘较窄小、平齐，两侧面较平滑，横截面近梯形。内孔为双面对钻，孔壁呈圆弧状凸起。直径4、孔径3.18、厚0.75厘米（图二：3）。

二、质地及尺寸

在质地检测分析中所用的设备为拉曼光谱仪、红外光谱仪、X射线衍射仪，结果表明所出土玉环的质地以蛇纹石和透闪石为主，有少量的方解石、天河石及泥岩（表一）。

表一　半拉山墓地出土玉环统计表

序号	编号	类型	质地	完整否	尺寸（厘米）
1	JK12：1	A型	蛇纹石	可复原	直径6.26、孔径4.45、厚0.63
2	K3：2	A型	蛇纹石	残	残长1.6、宽0.52、厚0.53
3	K5：1	A型	蛇纹石	残	残长4.56、宽0.86、厚0.93
4	K5：5	A型	蛇纹石	残	残长3.21、宽0.89、厚0.7
5	K5：12	A型	蛇纹石	残	残长2.45、宽0.86、厚0.7
6	M8：1	A型	透闪石	可复原	直径7.36、孔径5.44、厚0.8
7	M8：2	A型	透闪石	完整	长轴5.6、短轴5.4、孔径3.8、厚0.9
8	M9：1	A型	蛇纹石	可复原	直径6.32、孔径4.98、厚0.72
9	M10：1	A型	透闪石	可复原	直径6.8、孔径5.4～5.6、厚0.6
10	M13：2	A型	蛇纹石	可复原	直径8.2、孔径6.33、厚0.7～0.85
11	M15：1	A型	蛇纹石	可复原	直径4.9～5.3、孔径3.76～4.15、厚0.63
12	M19：2	A型	蛇纹石	可复原	直径6.36、孔径5.16、厚0.53
13	M20：2	A型	蛇纹石	可复原	复原直径4.7、复原孔径3.53、厚0.64
14	M20：3	A型	蛇纹石	残	残长4.94、宽1.24、厚0.92
15	M20：5	A型	透闪石	残	残长2.8、宽0.65、厚0.5
16	M20：8	A型	蛇纹石	残	残长5.9、宽0.75、厚0.79
17	M20：9	A型	蛇纹石	残	残长3.66、宽1.3、厚0.85
18	M20：14	A型	蛇纹石	残	残长2.18、宽1.3、厚0.86

序号	编号	类型	质地	完整否	尺寸（厘米）
19	M20：19	A型	蛇纹石	残	残长2.6、宽0.72、厚0.73
20	M20：20	A型	蛇纹石	残	残长3.8、宽0.88、厚0.79
21	M20：21	A型	蛇纹石	残	残长2.18、宽0.78、厚0.8
22	M20：22	A型	蛇纹石	残	残长1.3、宽0.77、厚0.76
23	M21：2	A型	蛇纹石	可复原	直径7.2、孔径5.5、厚0.76
24	M22：1	A型	蛇纹石	可复原	直径8.5、孔径6.76、厚0.81
25	M25：1	A型	蛇纹石	可复原	直径4.28、孔径3.1、厚0.58
26	M27：4	A型	蛇纹石	可复原	直径4.75、孔径3.45、厚0.45
27	M27：6	A型	蛇纹石	可复原	直径4.28、孔径3.38、厚0.35
28	M27：7	A型	蛇纹石	可复原	直径5.09、孔径3.78、厚0.6
29	M29：1	A型	蛇纹石	残	宽0.95、厚0.77
30	M29：3	A型	蛇纹石	可复原	直径5.75、孔径4.53、厚0.6
31	M29：7	A型	蛇纹石	可复原	直径7.2、孔径5.4、厚0.75
32	M29：9	A型	蛇纹石	可复原	直径6.36、孔径5.02、厚0.6
33	M35：2	A型	蛇纹石	可复原	直径7.86、孔径6.16、厚0.85
34	M39：4	A型	蛇纹石	可复原	直径5.38、孔径3.76、厚0.92
35	M42：1	A型	蛇纹石	可复原	直径5.82、孔径4.32、厚0.6
36	M42：2	A型	蛇纹石	可复原	直径5、孔径3.9、厚0.56
37	M44：1	A型	蛇纹石	残	残长3.96、宽0.79、厚0.81
38	M45：1	A型	蛇纹石	可复原	直径5.88、孔径4.52、厚0.64
39	M45：3	A型	蛇纹石	可复原	直径7.45、孔径5.86、厚0.6~0.7
40	M45：5	A型	蛇纹石	可复原	直径6.15、孔径4.65、厚0.63
41	M50：1	A型	蛇纹石	可复原	直径8.1、孔径6.4、厚0.86
42	M55：1	A型	蛇纹石	残	残长2.9、宽0.7、厚0.65
43	M55：2	A型	蛇纹石	可复原	复原直径5.22、复原孔径3.84、厚0.58
44	M70：1	A型	蛇纹石	可复原	外径4.98、内径3.96、厚0.54
45	M71：1	A型	透闪石	完整	直径8.83、孔径6.4、厚0.77
46	M72：1	A型	蛇纹石	可复原	直径7.92、孔径6.55、厚0.6
47	M72：2	A型	蛇纹石	可复原	直径7.76、孔径6.28、厚0.65

续表一

序号	编号	类型	质地	完整否	尺寸（厘米）
48	M72：3	A型	蛇纹石	完整	直径5.55、孔径4.53、厚0.41
49	M76：2	A型	蛇纹石	可复原	直径6.33、孔径4.97、厚0.99
50	M76：3	A型	蛇纹石	完整	直径10.44、孔径7.88~8.32、厚1.34
51	M76：5	A型	透闪石	残	残长2.48、宽0.57、厚0.43
52	M76：6	A型	蛇纹石	残	残长3.06、宽0.7、厚0.55
53	M77：1	A型	透闪石	完整	直径6.59~6.76、孔径5.03、厚0.5~0.6
54	M78：1	A型	透闪石	完整	直径6.18~6.51、孔径4.77、厚1.14
55	M78：2	A型	透闪石	完整	直径5.57、孔径4.24、厚0.75
56	T0406③A：1	A型	透闪石	完整	直径6.61、孔径4.96、厚0.6~0.8
57	T0604①：1	A型	蛇纹石	残	残长6.48、宽0.87、厚0.74
58	K5：2	B型	蛇纹石	残	残长3.67、宽0.72、厚0.69
59	K5：3	B型	蛇纹石	残	残长5.58、宽1.16、厚1.75
60	K5：9	B型	蛇纹石	残	残长4.03、宽0.98、厚1.05
61	K5：13	B型	蛇纹石	残	残长2.3、宽0.8、厚0.7
62	M11：1	B型	蛇纹石	可复原	直径5.16、孔径3.87~3.99、厚0.9
63	M20：4	B型	透闪石	残	残长4.62、宽0.77、厚0.74
64	M20：10	B型	蛇纹石	残	残长3.98、宽0.88、厚0.7
65	M20：11	B型	透闪石	可复原	直径5.49~5.84、孔径4.31~4.41、厚0.55~0.68
66	M29：6	B型	蛇纹石	可复原	直径8.32、孔径5.94、厚1.09
67	M29：8	B型	蛇纹石	可复原	直径8.2、孔径5.59、厚1.1
68	M39：2	B型	蛇纹石	可复原	直径5.35、孔径4.08、厚0.74
69	M42：3	B型	蛇纹石	完整	直径5.2、孔径3.6~3.9、厚0.6~0.8
70	M49：2	B型	蛇纹石	可复原	直径4.4~4.57、孔径3.04~3.33、厚0.68
71	M60：4	B型	蛇纹石	完整	直径5.57、孔径4.1~4.57、厚0.75
72	M60：5	B型	蛇纹石	可复原	直径8.96、孔径6.76、厚0.93
73	M67：1	B型	蛇纹石	完整	直径5.67、孔径4.31、厚0.82
74	M67：2	B型	蛇纹石	可复原	直径4.08、孔径3、厚0.97
75	M72：9	B型	蛇纹石	完整	直径4、孔径3.18、厚0.75
76	M76：1	B型	蛇纹石	可复原	直径5.48~5.72、孔径4.17、厚0.5~0.68

续表一

序号	编号	类型	质地	完整否	尺寸（厘米）
77	T0405②：1	B型	蛇纹石	残	残长5.08、宽0.67、厚0.8
78	T0505②：1	B型	蛇纹石	残	残长2.7、宽0.77、厚0.69
79	T0603①：1	B型	蛇纹石	残	残长4.07、宽1.53、厚1.48
80	T0604①：2	B型	蛇纹石	残	残长3.45、宽0.76、厚0.84
81	M27：8	无法分型	蛇纹石	无法提取	
82	M39：5	无法分型	蛇纹石	无法提取	

82件玉环中，12件为透闪石，70件为蛇纹石。蛇纹石玉环约占出土玉环总数的85.4%。57件A型玉环中，47件为蛇纹石，10件为透闪石。A型玉环出土时断裂的比例较高，完整的只有几件。23件B型玉环中，21件为蛇纹石，仅2件为透闪石。

从尺寸来看，大部分玉环的直径在4~8厘米。直径大于8厘米的大型玉环共有8件，包括M13：2、M22：1、M29：6、M29：8、M50：1、M60：5、M71：1、M76：3，其中M76：3的直径最大，达到10.44厘米。这与牛河梁遗址出土玉环的尺寸情况大致类似。

三、加工工艺

半拉山墓地出土的玉环数量如此之多，与其成熟的加工工艺有直接关系。其中M20：15、M74：1两件玉器加工过程中的标本，为我们探究红山文化晚期环形类玉器的加工工艺提供了重要参考资料。

M74：1，乳白色，有黑色土沁斑点。磨制，素面。应是制作环形玉器后的一件废料（图三）。根据玉料残存部分的器表可知，该玉料在使用前表皮曾被进行初步打磨，形成近似圆柱体状的毛坯。剩余的玉料平面近半圆形，平面上保留大量细小切割沟槽痕迹。中间保留一段近圆柱状的玉芯，玉芯上有多次管钻切割痕迹，芯柱粗细不均并发生偏移，玉芯底部环绕一周钻槽。残径6.7、芯直径2.5~2.95、芯高2.23、通高3.15厘米。

《辽宁朝阳半拉山墓地出土玉璧研究》一文对出土玉璧的制作工艺进行了详细介绍[1]。玉环、玉璧和玉镯等环形类玉器的加工工艺基本一致，均经过开片、打磨、

[1] 熊增珑等：《辽宁朝阳半拉山墓地出土玉璧研究》，《文物》2020年第3期。

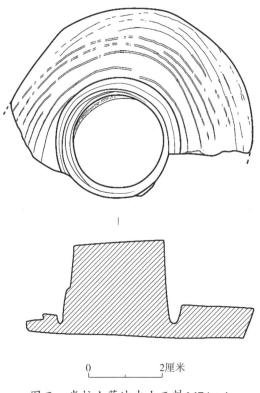

图三　半拉山墓地出土玉料M74：1

钻孔等过程。

　　半拉山墓地出土玉环多数打磨精细，少见开片时留下的切割痕迹，规范化程度高。玉环的开片以锯片切割为主，与牛河梁遗址出土玉环相似，一般直径、厚度均一致，反映了红山文化晚期玉器制作工艺的进步及规范化程度的提高。

　　半拉山墓地出土玉环大多数磨制精致，表面较光滑，孔壁打磨的也较光滑，可见打磨贯穿玉环制作的全部环节。

　　玉环的钻孔有单面钻和双面钻两种。内孔为单面钻的，孔壁微内凹，如M11：1，单侧面上保留有管钻的痕迹。内孔为双面对钻的，孔壁呈圆弧状微凸，如K5：3，两次对钻在孔壁中部形成一道明显的凸棱。

四、相关问题讨论

　　玉环和玉璧是半拉山墓地出土的主要玉器组合。半拉山墓地出土玉环82件、玉璧26件，占到出土玉器总数的70%。78座墓葬中，随葬玉环的有M10、M11等28座，随葬玉璧的有M19、M21等16座，同时随葬玉环和玉璧的有M11、M19等12

座。其中，M11、M19、M21、M35 、M49、M70 、M71随葬1环1璧，M8为2环1璧，M29为6环2璧、M39为3环2璧、M45为3环2璧、M72为4环3璧。

半拉山墓地出土玉环质地以蛇纹石为主，透闪石次之。结合玉璧等其他种类玉器的材质考察，蛇纹石是半拉山玉器的主要材质。推测原因有二：一是原料容易获得；二是与透闪石比较，蛇纹石更容易加工。蛇纹石质的玉环保存情况相对较差，大多数玉环出土时已断裂为数段，但可复原。

部分玉环有重新加工再利用的痕迹。如M35：2，环体原断为两段，在断茬两端的侧面共对钻有两组四个细孔，每组细孔之间有横向浅凹槽相通，便于绑缚环体。

附记：本文是国家社科基金重点项目"辽宁朝阳半拉山红山文化墓地整理与研究"（项目批准号：20AKG002）阶段性研究成果。

哈民玉器出土刍议

吉 平

内蒙古自治区文物保护中心

玉文化在中国延绵近万年没有割裂，各个时期的人们赋予玉器以特殊的文化属性，大量哲学思想被融进玉文化，宗教与权力、道德与审美统统借着玉器所特有的"灵"性来抒发人文情怀的"韵"与"魂"，这种独有的文化现象是中华文化具有旺盛生命力的重要因素之一，也是玉文化与其他文化表现核心价值所不同的地方。距今约5500～5000年的辽西地区哈民遗址出土了大量的玉器，这批精美玉器为东北地区辉煌的史前玉文化添加了新鲜内容，为探索辽西、松嫩、吉长三大史前考古学文化之间玉文化的交流、融合与发展提供了重要线索，为探寻构建东北地区史前玉文化体系和框架展示了新的截面和角度。哈民遗址的发现与发掘，也证实了在科尔沁草原地区广泛分布着一支含有红山文化晚期因素的新的考古学文化类型。

一 哈民玉器出土情况

哈民遗址位于通辽市东北部，距离市区约60公里，是一处具有地域特色的新石器时代中晚期聚落遗存，与西辽河流域著名的红山文化晚期遗存具有高度的可比性。此类遗存已知的分布范围包括通辽市大部，赤峰市东北部，兴安盟南部，以及黑龙江西部的泰来、齐齐哈尔、杜尔伯特，吉林西部的镇赉、洮南、大安和辽宁北部的康平、法库及彰武以北，而这一区域也就是传统意义上所说的科尔沁草原地区。

哈民遗址出土的玉器[1]，器类有玉璧、勾云形玉饰、匕形玉器、玉璜、瓦沟纹玉器、不规则玉坠饰、玉珠、玉斧、玉钺等装饰用品和实用工具，其中装饰用品

---

[1] 内蒙古文物考古研究所、香港中文大学中国考古艺术研究中心：《哈民玉器研究》，中华书局，2018年。

占绝大多数。哈民遗址出土玉器共计85件，它们集中出土于房址，且多数发现于房址的居住面上，这一现象耐人寻味，在过去的发掘报道中十分罕见。2010~2014年，在哈民遗址发掘的82座房址中有17座出土了不同形状的玉器。其中F37、F45、F46、F47、F56、F57出土玉器平均不少于6件，F57出土玉器更是多达18件，这六座房址出土的玉器数量占哈民遗址出土玉器总数的80%以上。值得关注的是，六座房址恰好都有多具人骨出土，玉器和人骨几乎是相伴而出。就这种情况而言，站在发掘者的角度，我们观察遗存现象并进行分析研判，会做出如下的逻辑判断：首先，考虑这是一处墓地且有玉器随葬。其次，根据发掘现场的实际情况，推断更像是一处史前突发事件的灾难现场，房址内罹难者似乎随身携带玉器，没有来得及收取。再次，根据各个遗迹单位出土遗物杂乱且丰富的情况，推测这是一处比较特殊的灰坑或者废弃窖穴（垃圾场），这类遗存迅速堆积而成，其形成过程和使用时间都极其短暂。查阅目前已经发表的相关研究文章，学界对哈民遗址出土玉器房址的认识大致倾向于是史前时期突发事件的灾难现场[1]。不过也有学者认为可能是随葬了玉器的居室葬[2]。曾有学者指出居室葬的特征和先例与哈民遗址出土玉器的房址大有可比性[3]。笔者个人以为不排除"灾难现场"和"居室葬"两种情况同时存在的可能性。由于这一问题涉及整个遗址成因的定性问题，此外暂且搁置不论。这批玉器是随身携带遗落的？还是有意为死者随葬的？虽然广义而言都是随葬品，但为什么如此密集地遗留在"居住面"上？作为主要发掘者和见证者，笔者以下就发掘情况实事求是的反刍一下，就当是抛砖引玉吧。

让我们来看看这些房址出土玉器的情况：

F5出土玉器1件，发现在房址的现代盗坑内，可判定为F5内遗物。该房址发现有扰乱人骨，数量不详。

F11出土玉器1件，在居住面上发现。少量人骨残骸散见于房址填土内。

F13出土玉器2件，一件在房址第②层填土里中，另一件在灶坑后方约1米处的居住面上，是一块有加工痕迹的玉料。该房址未见人骨遗骸。

F17出土玉器1件，发现于贴近居住面的填土中，位置接近灶坑边缘。居住面上散见人骨遗骸。

F21出土玉器2件，一件在房址后墙壁靠西南的居住面上，另一件出土在填

[1] 朱永刚、吉平：《探索内蒙古科尔沁地区史前文明的重大考古新发现——哈民忙哈遗址发掘的主要收获与学术意义》，《吉林大学社会科学学报》2012年第4期。
[2] 北京大学历史系考古教研室、中国社会科学院考古研究所：《元君庙仰韶墓地》，文物出版社，1983年。
[3] 内蒙古文物考古研究所：《庙子沟与大坝沟——新石器时代遗址发掘报告》，中国大百科全书出版社，2003年。

土中。该房址出土人骨情况不详。

F26出土玉器1件，发现于房址西北的二层台阶上。该房址未见人骨出土。

F37出土玉器6件，除一件在贴近居住面的填土中，其他均出土在居住面上。该房址内共计发现人骨22具，人骨遗骸保存完整。玉器出土位置清楚，一处在门道左边，另一处在房址后边，玉器位于人骨的颈部或腰部。遗骸从骨骼结构判断属软组织连接状态，呈叠肢状，不像是迁移埋葬，所以判定与人骨伴出的玉器是死者生前随身佩带的装饰品。

F40出土玉器1件。这座房址可观察到的人骨最少个体数是97具，骨骸层层叠压，姿态各异，发现的唯一一件玉坠饰片混杂在堆弃的人骨中，很难辨认所属个体。为更好地保护房址原貌，没有对人骨进行提取，人骨下是否叠压有玉器尚不得而知。

F44出土玉器2件，出土的准确位置扰乱，但肯定是在接近居住面的地方。房址内共发现人骨14具。

F45出土玉器16件，数量较多，集中出土在房址西北角和西南居住面上，另外在灶坑西侧边缘和门道处各出土1件。这座房址后墙壁中轴线偏西侧发现一具人骨，保存基本完整，侧身屈肢，在其胸前发现残勾云形玉器1件。

F46出土玉器16件，数量较多，且个体较大。玉器均发现于居住面上，具体位置不详。房址内清理出土人骨22具。

F47出土玉器8件。该房址发现人骨个体10具，但肢骨不全，骨骼散乱零星分布。在人头骨比较集中的灶坑附近共发现玉器5件，其中一具东西向侧身屈肢人骨的头骨顶部和腰间各出土1件，位于门道内侧一个头骨的颈部出土2件，门道出口位置发现1件。

F49出土玉器1件，在填土里发现。

F55出土玉器1件，在居住面上发现。

F56出土玉器7件。该房址内发现人骨6具。玉器多数出在人骨附近或贴附于人骨表面。人骨保存很差，堆放凌乱，有被烧的痕迹，能辨别腿骨、盆骨和少量脊椎骨及头盖骨。

F57出土玉器18件，另有石器、骨器、陶器以及蚌壳等。房址内有人头骨17个，还有部分脊椎骨、盆骨、下肢骨和肋骨，大多数人骨被火烧过。玉器多数在人骨附近，呈现青绿色，表面圆润光滑。

F72出土玉器1件，在几组陶片间隙发现，是一件白色三联璧。清理出几根人骨，疑为人的手指骨和肋骨。

以上叙述是以发掘记录为蓝本整理出来，虽不够精准严密，但十分可靠。由于完整的原始记录尚有编号、数据等方面的问题没有捋顺，故而这里只截取了部分涉及出土玉器和人骨的记录，有些笼统，显得简单粗犷。在史前时期成批集中大量玉器的情况，就目前掌握的发掘材料来看，大多数只会发生在较高等级规格的墓地或祭祀遗址，普通的聚落遗址或居住遗址当中几乎不会发生这种情况。

二　哈民玉器与聚落性质

哈民遗址发掘之前，我们在已发表的史前聚落遗址发掘报告当中未曾见到有集中出土大量、成批玉器的。因此，哈民聚落遗址发掘出土的成批玉器就显得比较"特殊和突兀"了，并由此引发了对遗存性质乃至出土玉器性质的种种询诘。囿于前述几种常识性认识，笔者在此前发表的相关简报中比较肯定"出土玉器的房址是灾难事发现场"[1]的观点，从而也肯定了这批玉器是随身携带的装饰品和生产用具。这批玉器是随身携带的装饰品和生产用具肯定是没有什么问题，但是，笔者认为不排除"灾难现场"和"居室葬"同时并存的可能性，也就是说，这既是"突发事件的灾难现场"，同时又是"随葬玉器的墓地"。

从2015年哈民遗址最后一次发掘结束到今年已经过去了五个年头，在这五年里，随着断断续续整理和编写报告，笔者偶尔会想起遗址发掘中遗留的一些问题，只是苦于没有时间和精力去深入思考。2016~2018年，在整理出版《哈民玉器研究》之际，经过反复观察和检索材料，关于出土玉器房址的属性问题再次引起了笔者的关注，但我们还是保留了"史前突发事件的第一灾难现场"这一说法。然而，笔者一直谨慎地存疑——不排除哈民遗址有"随葬玉器的居室葬"。这一想法实在是憋了很久，恰巧《红山文化研究》约稿，思前想后，最终决定在这里将这一问题正式提出来，希望关注这一问题的同仁及师生共同探讨，以求得共识。

哈民遗址的这些房址有没有可能是被当成墓葬（居室葬）使用呢？这一问题我是从2013年秋天开始思考的。遗址出土的玉器不仅出在房址内，而且散布在房屋的居住面上，个别的还贴近周边的人骨，没有发现规律性迹象。玉器几乎与人骨相伴出土，也就是说，有人骨遗骸出土的房址基本上都伴出玉器，而没有人骨遗骸出土的房址几乎不出土玉器，那么这批玉器应当是这批人（骨骸）的随葬品，也即是随葬的玉礼器。保存比较好的房址里死者随身携带的装饰品或生产工具埋藏条件也比较好，玉器无一例外的全部都是发掘品，具有明确的出土单位或层位关系，年代清楚。因此，笔者认为哈民遗址出土人骨和玉器的房址很有可能是被作为墓葬（居室葬）使用。哈民遗址房址内人骨与玉器共存的现象为进一步从不同角度、不同层

[1]　朱永刚、吉平：《探索内蒙古科尔沁地区史前文明的重大考古新发现——哈民忙哈遗址发掘的主要收获与学术意义》，《吉林大学社会科学学报》2012年第4期。

次开展研究提供了最有说服力的出土资料，同时也为遗址类遗迹单位出土玉器群提供了参照依据。

统计资料显示，哈民遗址出土玉器共85件（含非透闪石类其他彩石），正式发表41件，未正式发表44件。85件玉器出土于17座房址，其中F37、F45、F46、F47、F56、F57共出土玉器71件，约占出土玉器总数的83%；F13、F21、F44出土2件；余者各出土1件。已发表线图或照片的玉器41件，约占出土玉器总数的48%。出土玉器可分为璧、异形璧、双联璧、三联璧、勾云形器、匕形器、璜、瓦沟纹器、坠饰、珠、斧、钺等装饰和实用器类。这些玉器大多完整并具有代表性，通过器形分类，依据共存关系，我们可以对其组合规律进行探讨。

第一，哈民遗址是发掘面积较大的一处史前聚落遗址，年代可界定在公元前3500~前3000年。该遗址出土的玉器全部为发掘品，数量多，种类全，埋藏单位清楚。这一发现不仅填补了科尔沁沙地史前玉器研究的空白，也确立了其与周邻地区相比较的参照系，就东北史前玉器分布和体系构建而言，意义尤其重大。

第二，这批玉器均出于房址内，从伴出玉器的人骨姿态分析，没有证据显示是居室葬或刻意安排的某种丧葬习俗。基于对遗址废弃和埋葬性质的判断，所出玉器应该是死者生前佩带的装饰品，为实用器，其功能与红山文化玉器有很大不同。

第三，哈民玉器造型简单，风格古朴，制作工艺相对粗糙，器形组合具有自身特点，强调装饰性的普遍实用功能，大孔径玉器所采用的开孔定位、扩孔剔挖技术别具一格。与松嫩平原同时期玉器比较，除个体差异外，哈民玉器在主要器形、工艺水平和实用功能等方面均表现出相当的一致性，技术特点亦十分相近，说明两者存在紧密的联系。科尔沁沙地与松嫩平原相邻，考古学文化的地域性接近，且具有共通的渔猎业生背景。从技术体系来说，哈民遗址出土的玉器是中国北方新石器时代远某种技术的传承，与红山文化玉器的异同说明既有交流又有本质上的区别，或可以解释为属于两种技术体系。

拙文对哈民玉器的认识还比较粗浅，如缺乏系统的材料鉴定，玉料来源尚不清楚，制玉是否专门化及其社会属性和交流关系有待探索，等等。科尔沁沙地介于辽西与松嫩平原之间，处在两种技术体系的结合部位，这里既是东北史前玉器的重要分布地区，也是东北史前玉器体系构建的关键地带。目前这一地区史前玉器的研究才刚刚起步，我们应对此保持高度的关注。

由祀到礼：红山古玉与中华五千年文明起源

田广林　周宇杰

辽宁师范大学红山文化与中华文明协同创新中心

一、文明概念与历史进程

关于文明的概念，学术界向来存有争议。本文赞同社会进化学派的观点，认为文明是社会进化过程中的一个高级阶段。

1877年，美国社会学家摩尔根在《古代社会》一书中提出了著名的三段式社会进化理论，认为人类社会普遍经历了蒙昧、野蛮和文明三个大的发展阶段。在摩尔根看来，文字的出现和使用是文明社会开始的标识，文字记事以前的时代称史前时期，文字记事的时代称文明时期，也称历史时期。而文明社会又可划分为古代文明和现代文明两个阶段。其中，古代文明主要是指农业文明，现代文明是指工业文明。

1884年，恩格斯在《家庭、私有制和国家的起源》一文中肯定了摩尔根的说法，认为文明是社会发展到一定阶段的产物。与摩尔根不同的是，马克思主义历史唯物论从生产发展和社会进化的观察角度出发，认为"国家是文明社会的概括"。即文明是在生产发展基础上，社会出现分工和分化，进而发展出现不同的阶级，最终产生了以国家为基本标识的强制性公共权力的产物。这就是说，国家的出现是文明社会产生的标志，当社会进步到文明阶段时，管理社会的基本手段是国家。所以，文明是在国家的组织和管理下创造出的物质和精神财富的总和。

根据马克思和恩格斯的这种社会进化理论，我们可以把整个人类社会发展史划分为前国家阶段和国家阶段两个大的时期。其中，前国家时期通常又称原始社会，此间社会秩序的控制主要是通过习俗和宗教的作用；国家时期又称文明社会，此间社会秩序的控制主要是通过军事和政治的作用。

在原始社会，人类取得了四项具有划时代意义的重大进步：一是火的利用，使人类实现了全球扩张；二是弓箭的发明，导致广谱经济的出现；三是随着农业的产生与发展，生产经济的出现和定居生活的确立；四是社会秩序的全新建设，即由传统的神道设教向国家文明的过渡。如此说来，所谓文明的起源，根本意义上就是指国家的起源。

就中国古代历史而言，如果从社会管理的角度观察，从距今一万年前农业产生到距今五千年前后，由于国家还没有正式形成，当时的社会管理主要是通过祭祀神灵来运作和实现的，因此可以把中国的前国家时代称为神权时代。近五千年以来，随着国家的出现和发展，社会管理的机制主要是王权的运作和推行，因此可以把中国古代的国家文明时代称为王权时代。

如果从国家最高掌控者或国家政体角度观察，又可以把中国古代的王权时代划分为王制和帝制两个阶段。在秦朝建立以前，中国的国家政权呈现多国并存形态。传世文献上说，黄帝之时，天下有万国[1]；尧舜之时，天下有万邦[2]。夏商周三代之际，占据中原一带的夏国、商国和周国，凭借优势的地理和资源条件以及强势的军政实力凌驾于其他诸国之上，其国君称王，而散在各地的其他诸国国君称侯，号曰诸侯。王国和侯国，构成了两级政权并存局面。西周时期，众多的侯国名义上都接受周王的分封，替周王率土保民，所谓"溥天之下，莫非王土；率土之滨，莫非王臣"[3]。无论是王国还是侯国，这两级国家政权的行政管理都实行贵族议政制度。秦始皇统一六国之后，废分封，行郡县，在中国历史上破天荒第一次创立了皇帝制度。这种制度的核心实质是君主专制、皇帝独裁，所谓"天下之事无大小皆决于上"[4]。从秦至清，两千年间，这种制度始终通行不废，在中国历史上产生的影响至为深远。

二、中华文明起源的途径

研究表明，牛河梁"坛、庙、冢"所代表的社会，正处在由前国家时代向国家文明时代过渡的关键时期。

从本质上说，国家最基本的职能有两个：一是平衡内部矛盾，二是抵抗外来入侵。平衡矛盾靠的是政治制度，抵抗外敌靠的是军事武装。中国古代最根本的政治制度就是在不断整合升华远古以来祭神礼仪基础上形成的礼仪制度，即所谓礼制。礼制是维护社会秩序的制度，是公共权力，同时也是规范思想行为的准则和约定。

---

[1]《史记·五帝本纪》："置左右大监，监于万国。万国和，而鬼神山川封禅与为多焉。"
[2]《尚书·尧典》："协和万邦，黎民于变时雍。"
[3]（唐）孔颖达：《毛诗正义》卷十三《小雅·北山》，（清）阮元校刻《十三经注疏》，中华书局，1980年。
[4]《史记·秦始皇本纪》。

这个制度最核心的内容有三个：一是祭祀天地，二是祭祀祖先，三是尊崇王权。所谓"礼有三本：天地者，性之本也；先祖者，类之本也；君师者，治之本也"[1]。这三者之间的关系可以概括为"一个中心，两个支撑点"。从三者的内在关系可以看出礼制来源于祭祀。由祀到礼，是中华文明起源的根本途径。

古代的祭祀，本质上是一种以礼物为中介进行的人与神灵的对话。但是这种对话并不是一种平等的对话。当人们用玉来礼祭神灵的时候，就把自己降到了神灵的附属地位。神成了主，人变成了奴。

汉语的"主"字，在甲骨文中与"示"字同，其字形作"T"，一说象神主牌位，本义是神主。邦国之神叫国主，家族之神叫家主。古代天子及邦国之君死后皆入国家宗庙，奉为国家保护神，因又引申为君主。《礼记·曲礼下》："告丧，曰天王登假。措之庙，立之主，曰帝。"

礼制的"礼"（禮）字，在上古文字中本义是把玉奉献给神灵，即用礼物来讨好和打点各类神主，目的是求得神灵的福祐。《说文》："禮，履也。所以事神致福也。从示、从豊。"清段玉裁注曰："履，足所依也。引申之凡所依皆曰履。……禮有五经，莫重于祭，故禮字从示，从豊。"[2]这里所谓事神，就是祭神。也就是通过一定的仪式来给神行礼，其中最重要的内容之一就是给神送玉，所谓"古者行礼以玉"。送玉的目的在于"致福"，就是通过给神送礼来换取神灵的欢心，从而得到神灵的福祐，使福禄来到自己的身边。如此说来，平时我们印象中庄严神圣的祭祀神灵，原来也是一种"行贿受贿"行为。

世界上本来是没有神的，神是人类按照自己的模样创造出来的，所以所有的神灵都具有人格。说白了就是所有的神灵都像人一样，具有七情六欲，需要生产消费，生儿育女。既然祭神的目的在于求得神的福祐，那么就要竭尽所能满足神的各种欲望和需求，把能弄到的好吃的、好穿的和好用的东西送上去，从而换取神的好感。

既然如此，那么在祭神的时候，就需要通过一定的仪式来让神知道送礼的目的。这种仪式最基本的内容之一就是祷告。简单来说，所谓"祭祀"，就是通过祈求祷告等仪式有条件地给神送东西，这种行为就叫"礼"。在当今社会，行贿受贿的背后往往是钱权交易，属于腐败现象，可是当初的求神贿神却完全是出于"构建和谐社会"的需要，是一种十分庄重严肃的礼仪行为。人神之间的这种交换，就是"礼尚往来"的本义。

人们礼祭神灵的主观愿望是祈求神灵的保护，这叫"礼尚往来"。可是客观效果却制造出了人神之间的等级差别，这就叫"礼尚等级"。所以，礼的引申意义就

---

[1]（清）王聘珍：《大戴礼记解诂》卷一《礼三本》，中华书局，1983年。

[2]（清）段玉裁：《说文解字注》，上海古籍出版社，1981年。

是不平等，就是有差别。这种等级差别发展到一定程度，国家就应运而生。

三、红山古玉与中华文明

红山文化 1935 年发现于内蒙古赤峰市红山后遗址，1955 年获得正式命名。绝对年代约当公元前 4710～前 2920 年，与同期中原地区的仰韶文化大体并存。目前所知，距今 9000～4600 年前后，辽西一带先后发展起来的考古学文化是小河西文化、西梁文化、兴隆洼文化、赵宝沟文化、红山文化、富河文化和小河沿文化。由于这几种考古学文化的炊煮器物都流行平底筒形罐，有着共同的谱系关系，故称"红山系列文化"。所谓红山古玉，是指红山系列文化玉器。

兴隆洼文化玉器是目前发现年代较早的中华古玉。目前所见兴隆洼文化玉器已有近百件，分别发现于辽宁阜新查海，内蒙古林西县白音长汗、敖汉旗兴隆洼和兴隆沟、巴林右旗洪格力图和锡本包楞等地。兴隆洼文化玉器绝大多数出自上层人物的墓葬。最常见的器类有五种：一为玉玦，二为匕形器，三为玉璜，四为斧、锛、凿等小型工具造型，五为人形或动物形仿生类器形。

在中国古代神话中，两耳盘蛇的人物都是神人。如《山海经·大荒北经》中说北海之中有个海岛，上面有个人面鸟身的神人，他的两耳之际一面盘绕着一条青蛇，每只脚上还各踩着一条红蛇。《海外东经》也说有个叫雨师妾的黑脸神人，两手各拎一蛇，左耳盘着青蛇，右耳盘着红蛇。《山海经》上还说夏朝的开国之君夏启也是一个耳上盘蛇、手上拎蛇的神秘人物。蛇怎么可以盘在人的耳朵上呢？唯一合理的解释就是用一种具有象征意义的东西来代替，而这种东西非耳环莫属。

所以，少数佩戴玉玦的兴隆洼文化上层分子，就是古史传说中那些两耳之际环绕龙蛇的神人的原型。他们耳上玉玦的意义并不在于美化生活，而在于标识与众不同的神灵之体。那些佩戴玉器的巫师既是宗教领袖，同时也是部族首领，是介于人神之间的特权阶层和最初的社会行政管理者。

古代人佩戴的玦和环类玉器的原型为龙蛇类灵物，其功用是神器，而非装饰品。兴隆洼文化匕形玉器的原型是巫师主祭时宰割牺牲的骨刀，也不是日常生活中的装饰品。

兴隆洼遗址发现的质纯色正的斧、锛类玉器，形体比一般实用工具明显偏小，并且加工精细，很少有使用痕迹，说明这种玉器并非实用工具和武器，而应是祭祀等礼仪活动中使用的礼器或神器。在以往的研究中，学者们一般都根据兴隆洼文化玉器中存在相当数量的人体佩戴物和工具形造型器物，把早期玉器分为装饰品、工具和宗教礼仪用品三大类。但现在看来，早期玉器中常见的玦、璜、匕形器等直接用于人体佩戴的器物和斧、锛、椎、凿等工具形器物，其根本用途一不在于美化和装点生活，二不在于生产和生活实用，而在于标识佩戴者或使用者与众不同的特殊身份。所以，这两类玉器与其他宗教礼仪用玉一样，都属于政教生活中的礼器和神器。

那么古人当初给神送礼要送玉的社会历史原因又是如何呢？最新的考古学研究成果表明，世界上最早的玉器出现在距今三万年前后，当时人类社会的发展正处于以石器为主要生产工具的采集渔猎时代。那时候农业还没有产生，人类最基本的谋生手段是打猎和采摘野果与野菜，所以没有如今的大米白面，也没有家养的牛马羊鸡犬猪，人们所能取得的最佳食品就是打猎获取的各种野味，最好的器物就是比普通石器更高级、更好看的玉器，而最好的衣物则是穿着舒适的布料。于是，平时难得的肉类、玉器和丝帛就成了最基本的祭神礼品。

古人把献给神灵的肉食品统称为牺牲，牺牲的本义就是奉献给神灵的生命。用来满足神灵吃、穿、用之需的兽肉、玉器和丝帛，在中国古代文献中统称为"牺牲玉帛"。由于人们认为各路神灵也像人类一样生产作业，所以便拣选质地缜密、色彩斑斓的玉料，仿照现实生活中人们常用的工具，精心制成斧、锛、刀、凿等工具形玉器，在祭祀的时候给神送去。这就是辽西一带兴隆洼文化遗存中常见的斧、锛等小型工具形玉器的由来，也是我们前面说过的这类早期玉器是礼器而不是实用工具的原因。

最初的礼拜神灵纯属民间的自由行为，人人都可以通过送礼来与神灵对话。尽管人神之间的地位悬殊，但是每一个祭神的人都具有平等的权利，这就是"在上帝面前人人平等"的道理。这种宗教形态就是所谓的个人宗教。

个人宗教发生在万物有灵的年代，当时的神就生活在人们中间，用现在的语言来说，神与人处于一种零距离状态。人们上山打猎，下水捞鱼，随时随地都可能与神灵相遇，这种情况即"人神杂糅"。由于人神之间的距离很近，所以人们祭神也很方便，神主的位置通常就设在家中做饭和取暖的灶前，足不出户就可以在室中祭祀，这就是"家为巫史"。

家为巫史有两个境界，或者说经历了两个发展阶段，起初是一家一户分散祭祀，后来发展为血缘关系相同的整个家族集体祭祀。这一前一后两个发展阶段，代表了人类的信仰形态由个人宗教向集体宗教发展的历史演进过程。中国国家文明形成的途径是化家为国，而不是从氏族到国家。

史前时期人们都聚族而居，一般来说，一个村庄就是一个家族，家族的族长大约就相当于后来的村长。古代所谓"齐家"，实际是指管理村务。血缘关系相近的众多村庄或众多家族的组合就是部落。当时的部落都称为国，每一个部落就是一个古国，这种国的规模不超过现在的县，当时的国王所管辖的人口要比现在的县长少得多。

所谓"治国"，本义是指管理地方性的部落事务。在国家产生之前的神权时代，社会最基本的组织形态就是分布在各地的家和国，最基本的组织程序和管理原则就是分层祭祀。具体操作规则是"家主中霤而国主社"[1]。

所谓家主，就是家族保护神。林西县白音长汗遗址出土的立于灶前的石雕神像是目前所见最早形态的家主。当时的房子是半地穴式的单室房屋，采光的窗户不是开在墙上而是开在屋顶的中间，生火的时候，气焰直接从房顶的窗口排出；下雨的时候，雨水就直接流到屋内。当天气变冷的时候，室内的热气上升，往往在窗户四周结成一串串的冰溜，于是开在房顶中间的窗口就得名为"中霤"。

而国主则是指惠及一方、保护众多家族的神灵。这样的神灵自然不适合在某一个村落的"家"中祭祀，于是为了方便集体，人们便选择位置适中的山头建造起公用的祭坛。当时的祭坛称为"社"。把神社建在山上，是由于山头离天最近，便于接近神灵。

由于社是集体祭神的公共场所，所以也叫"公社"。每个公社都代表一方神灵，同时也代表具体的古国或古邦。祭祀国主的地点是在野外山头上的公社，叫作"国主社"。牛河梁的红山文化积石冢群和女神庙应该就是具有这种性质的早期神社。

所谓牛河梁"坛、庙、冢"，并不应理解为祭坛、神庙与墓葬的组合。这里的"冢"也应是坛或社，里面的人骨代表的是有大功德于部民的奉祀对象。牛河梁遗址发现的玉器也都应属祭器，而非一般意义上的随葬品。

牛河梁遗址先后发掘的四个地点共出土玉器196件（发掘品183件）。其中第二地点98件，第三地点9件（计10件，含战汉绿松石坠1件），第五地点23件，第十六地点53件，采集13件。据发掘报告[2]，牛河梁遗址四个地点共有40座"墓葬"出土玉器，计146件。其中，第二地点23座墓葬出土82件，第三地点3座墓葬出土9件，第五地点5座墓葬出土13件，第十六地点9座墓葬出土42件。有两个现象值得注意：一是所有玉器的安放位置都具特定礼仪意蕴。二是并非始终"唯玉为葬"。

牛河梁下层积石冢墓葬出土有彩陶罐，也有玉器、陶器共出现象（如N2Z4M8）。由于下层墓葬多被破坏，不清楚玉器、陶器共出是否为常见现象。上层积石冢墓葬则发展为"唯玉为葬"的制度，只出玉器，鲜见石器，不见陶器。

从本质上说，众多古邦和古国设在山头上的神社就是国主们的办公地点，它们各行其是，独立办公，"各扫自己门前雪，不管他人瓦上霜"，是一种典型的"山头主义"。由于国主只是负责守望和保护本邦本国，所以人们只在自己的山头上祭

［1］（清）孙希旦：《礼记集解》卷二十五《郊特牲》，中华书局，1989年。

［2］ 辽宁省文物考古研究所：《牛河梁——红山文化遗址发掘报告（1983～2003年度）》，文物出版社，2012年。

祀自己的国主, 而没有必要到别的山头上去白白烧钱, 即 "神不歆非类, 民不祀非族"。

山头林立必然导致政出多门。这种情况下, 人们固然获得了充分的言论自由和行动自由, 但政令的统一却受到了妨碍, 并与悄然出现的统一王权发生了冲突, 于是便出现了传说中颛顼时代的宗教改革。

颛顼是中国古代神话传说中的 "五帝" 之一。司马迁《史记》作《五帝本纪》, 首位是黄帝, 颛顼名列第二。五帝的年代大约距今 5000 年前后, 正是中国国家文明形成之际, 通常所说的中华五千年文明史就是从这个时候算起的。颛顼改革的核心内容是垄断宗教神权, 禁止民间与神灵交往和对话的自由。具体做法是设立专门的机构, 任命专门的神职官员管理各种祭神事务。比如管理祭天事务的机构位于南侧, 主管祭天的首席官员就称南正; 主管祭地的机构位于北侧, 主官就叫北正。南正和北正设立后, 祭天和祭地就要由他们分别组织和主持, 不再允许普通人随便与天地对话, 即 "绝地天通"。

神灵与民间的距离被人为地强行拉大, 普通人失去了祭祀天地的权力。中国的早期宗教信仰形态由此从集体宗教进步到国家宗教, 国家于是产生。而中国古代的国家宗教实际上就是我们通常所说的礼制, 这种制度的一个基本特点就是祭祀制度与政治制度合二为一。

西周时期, 周天子称周王, 周王直接管辖的区域称王畿, 也称畿内, 是周王的自留地。在这一基础上, 周王把不能直接控制的王畿以外的土地分封给下属贵族, 建立起众多的二级国家, 二级政权的首脑称作 "侯"。由于侯国数量众多, 故称诸侯。

周礼规定, 天子嫡长子世代为天子, 余子分封为诸侯; 诸侯的嫡长子世代为诸侯, 余子分封到各地为大夫; 大夫的嫡长子世代为大夫, 余子为士, 不再分封。上自天子, 下到士, 形成了层层相属、代代相袭的政治结构。每一个人的政治地位和经济地位并非出自个人奋斗, 而是来自祖先的赐予, 也就是 "世卿世禄", 那么辨别血统、祭祀祖先和天地, 自然而然地成为当时国家行政的第一要务。

周礼还规定, 只有天子才有祭祀天地和周人共同祖先的权力, 各级贵族只有从祭和助祭的义务。垄断了祭祖和祭天的权力, 实际上就是垄断了与祖先和天神对话的渠道。这样一来, 天子的意志也就变成了祖先和天地的意志。不论是哪一级贵族或臣民, 冒犯了天子也就等于冒犯了祖先、冒犯了天地, 天子就可以动用 "礼乐征伐自天子出" 的特权来 "恭行天之罚"。这就是古书上所说 "国之大事, 在祀与戎" 的原因。

追根溯源, 这种定型于三代之际的礼制传统, 必然与以红山诸文化玉器为代表的史前礼玉所承载的中华古礼有着密切的关系。

从随葬镯环类玉器的变化
看牛河梁红山文化墓葬的演变

张星德

辽宁大学

牛河梁遗址于1981年4月在建平县文物普查中被发现，是目前已知红山文化遗址中规模最大、等级及社会复杂化层度最高的一处聚落群，其历时近千年的丰富堆积、坛庙冢相结合的多种形式、以玉器为代表的遗存特色长期以来一直引人注目，对红山文化社会属性研究、中国早期文明起源研究具有重要意义[1]。然而牛河梁积石墓多以玉器为随葬品，缺乏习惯上用以认识文化面貌及年代的陶器，由于玉器数量有限，本身形制变化也相对缓慢，在使用陶器对晚期红山文化分段还难以给出令人满意的答案的今天，牛河梁墓葬分期研究出现了瓶颈。本文拟通过对牛河梁遗址出土的红山文化镯环类玉器和墓葬的关系进行系统梳理，在探寻各自基本面貌的基础上，对牛河梁红山文化晚期墓葬的分期及相关问题提一些粗浅的认识。

一、牛河梁出土的玉镯与玉环

牛河梁红山文化玉器中有两类数量最多、出现频率最高的，即玉镯和玉环，其外观正圆，造型简单，工艺要求不及其他几何类或动物类造型的玉器，所以除了在对玉器整体分类时会被提及，往往排除在研究者的视线之外。这两类玉器从器形上观察差异甚微，极个别玉环个体偏小，仅少量玉环有钻孔，以至于在类型学上可以

---

[1] 相关研究成果包括《辽宁牛河梁红山文化"女神庙"与积石冢群发掘简报》《辽宁牛河梁第二地点四号冢筒形器墓的发掘》《辽宁牛河梁第二地点一号冢21号墓发掘简报》《牛河梁红山文化第二地点一号冢石棺墓的发掘》《辽宁牛河梁第五地点一号冢中心大墓（M1）发掘简报》《辽宁凌源市牛河梁遗址第五地点1998～1999年度的发掘》《牛河梁第十六地点红山文化积石冢中心大墓发掘简报》《牛河梁女神庙平台东坡筒形器群遗存发掘简报》《牛河梁——红山文化遗址发掘报告（1983～2003年度）》等。

将玉镯、玉环一起分类。两者最重要的区别是在墓内的出土位置不同，玉镯出土时戴于墓主人的腕部，而玉环的出土位置则比较多样，或颅顶，或肩部、腹部，或肢骨旁。就大小而言，玉镯外径在5.6～8.8厘米，以6～7厘米多见；内径在4.6～6.7厘米，以5.5～6厘米多见。玉环的外径在4～12厘米，也以6～7厘米多见；内径在3.71～9厘米，以5.2～5.5厘米多见。

　　按照断面形制，牛河梁红山文化镯环类玉器可以分为A、B、C三型。A型，内缘平或略弧，两端斜起，外缘尖圆；B型，内缘平直，外缘尖或尖圆，横断面呈三角形；C型，内缘斜平，外缘尖薄，器面钻孔。A、B两型镯、环均见，C型极少，且仅见环。牛河梁墓葬出土玉镯、玉环形制情况统计见表一[1]。

表一　牛河梁墓葬出土镯环类玉器

器物号	名称	出土位置	形制	尺寸（厘米）		
				外径	内径	厚
N2Z1M25：4	镯	右腕	A	6.4	5.2	0.6
N2Z1M25：5	镯	左腕	A	6.5	5.4	0.6
N2Z1M26：3	镯	右桡	B	7.2	5.9	0.7
N2Z1M1：1	环	颅顶	C	12	9	0.7
N2Z1M7：1	环	骨堆上	A	7.4	5.7	0.75
N2Z1M7：4	环	骨堆上	A	6.7	5.25	0.8
N2Z1M8：1	环	墓室	A	6.5	5.4	0.4
N2Z1M11：1	环	墓室	B	7	5.5	0.7
N2Z1M14：2	镯	右腕	B	6.8	5.75	0.5
N2Z1M14：3	镯	左腕	B	7.2	5.9	0.6
N2Z1M15：2	镯	右腕	B	6	5.1	0.5
N2Z1M15：3	镯	左腕	B	5.8	5	0.3
N2Z1M15：5	环	墓室	B	6.9	5.6	0.5
N2Z1M21：15	镯	右腕	B	7.8	6.2	0.7
N2Z1M22：3	镯	右腕	A	6.9	5.7	0.55
N2Z1M23：4	镯	未标	A	8	6.4	0.8

----

[1]　数据来源为辽宁省文物考古研究所编著《牛河梁——红山文化遗址发掘报告（1983~2003年度）》（文物出版社，2012年），以下简称《报告》。

续表一

器物号	名称	出土位置	形制	尺寸（厘米）		
				外径	内径	厚
N2Z1M24：1	镯	右腕	A	7.2	6	0.5
N2Z1M24：2	镯	右腕	A	7.7	6.1	0.6
N2Z1M27：1	环[1]	扰土	A	6.3	5.5	0.4
N2Z2M2：1	环	未标	A	4.9	3.71	0.4
N2Z4M2：2	环	膝下	A	6.6	5.4	0.5
N2Z4M2：3	环	膝下	A	6.6	5.4	0.5
N2Z4M14：1	环	墓室	A	7.3	5.6	0.6
N2Z4M14：2	环	墓室	A	7.2	5.6	0.6
N2Z4M15：1	环	头上方	A	6.85	5.35	0.68
N2Z4M15：3	环	左肩	A	6.8	5.2	0.65
N3M3：2	镯（疑属M4）	肱骨	A	4	2.9	0.4
N3M3：3	镯	右腕	A	6.2	5.3	0.45
N3M3：4	镯	左腕	A	5.6～6	4.6～5.1	0.4
N3M7：2	镯	右腕	A	6.9	5.9	0.45～0.5
N3M9：1	镯	右腕	A	8.4	6.7	0.8
N5Z1M7：1	镯	右腕	A	8.6	6.2	1.1
N5Z1M1：5	镯	右腕	B	8.5	6.5	1.1
N5Z2M2：2	镯	左腕	B	7.5	5.6	0.8
N5Z2M2：3	镯	右腕	B	7.6	5.7	0.7
N5Z2M3：1	镯	不明	C	7	4.7～5	0.6
N16M1：4	环	盆骨	A	6.3	5.2	0.5
N16M1：5	环	盆骨	B	6.21	5.2	0.5
N16M10：2	环	墓室	B	6.3	5.4	0.4
N16M4：3	镯	右腕	A	7.6	6	0.9
N16M4：5	环	盆骨	A	6.55	5.53	0.5
N16M4：6	环	盆骨	B	6.6	5.5	0.45

---

[1]《报告》中称N2Z1M27：1为"环"，但查看文字，其"出土时套于死者左腕部"，故应为镯。

器物号	名称	出土位置	形制	尺寸（厘米）		
				外径	内径	厚
N16-79M2：2	环	胸部	A	6.25	5.3	0.4
N16-79M2：8	环	脚部	B	6.4	5.4	0.4
N16-79M2：3	镯	未标	A	8	6.3	0.8
N16M14：4	镯	骨堆侧	A	8.8	6.7	0.88
N16M14：6	环	骨堆侧	A	7.5	5.7	0.69
N16M14：7	环	未标	A	7.35	5.9	0.61
N16M14：8	环	骨堆下	A	6.75	5.45～5.55	0.75
N16M15：2	环	未标	A	6.81	5.6	0.5

从表一可知，无论镯与环，同一墓葬出土多件的有 N2Z1M14、N2Z1M15、N2Z1M24、N2Z4M14、N2Z4M15、N3M3、N5Z2M2、N16M14 等，同一墓葬随葬镯环类玉器一般是同型，推测与是否出自同一工匠有关。

牛河梁遗址红山文化墓葬中随葬环镯类玉器有三种情况：单独随葬镯、单独随葬环、镯与环共存。其中是否有规律可循呢？我们进一步来分析镯环类玉器在不同冢、不同形制墓葬中出土的情况。

二、玉镯、玉环的出土情况

玉镯、玉环在牛河梁遗址红山文化第二、第三、第五和第十六地点的墓葬中均有发现，其中包括 N2Z4 下层和 N5Z1、N5Z2 三个下层冢，以及 N2Z1、N2Z2、N2Z4A、N3、N5SCZ1、N5SCZ2、N16 西侧墓葬、N16Z1 等上层积石冢内的积石墓。

按照《报告》的分类，牛河梁积石墓可以分为 A、B、C 三型，为叙述方便，摘录如下：

（牛河梁墓葬）可界定为 A、B、C 三型。
A 型，为土圹墓。尚未形成固定的墓室，又分为 2 个亚型：
Aa 型，仅以数块石板（少见石块）示意性地贴敷于墓圹壁上，墓的土圹壁呈口宽、底窄的倒梯形状。可称为 Aa 型土圹·敷石墓。
Ab 型，也为土圹墓，土圹壁竖直，立石板成墓室。可称为 Ab 型土圹·立石墓。

……

B型，为石板平砌室壁，形成盖顶和铺底俱全、规矩的石砌墓室。只见于上层积石冢。也可分为两个亚型：

Ba型，为土圹·砌石墓。见于中心墓及一些较深大的墓。

Bb型，也为土圹·砌石墓，但土圹一侧起有台阶。

以上A、B型的两类墓葬，都系辟于原地表下的土圹墓。

C型，在上层积石冢阶段，又新出现一种原地表上的墓葬。其墓室的砌筑方式，是边构筑墓室的同时，边在墓室外侧封土、垫石以加固墓壁。即这种墓无生土圹口，可统称之为C型。C型也能略分为Ca、Cb型两种不同形制。

Ca型，为无圹·砌石墓，都系原葬的仰身直肢葬墓。长方形墓室，砌筑则有石块平铺、石板竖立等不同做法。墓主为仰身直肢葬者，皆为Ca型墓。

Cb型，无圹·石匣墓，都是捡骨二次葬。墓室形式、结构更是砌法随意，甚至有的墓室非常狭窄，似仅能容纳捡骨即可。那些二次葬者，应该全部都是Cb型墓。

纵观牛河梁红山文化墓葬，上述类型还不能完全概括所有的墓葬形制，比如单纯土圹竖穴墓、土圹·砌石墓中两个亚型内均存在有底石无盖板和无底石有盖板之别等。因不影响本文分析，不予进一步讨论。

上述各型墓葬在牛河梁各地点的分布比较复杂，为更清晰说明镯环类玉器与墓葬的关系，我们以冢为单位对随葬有镯环类玉器的墓葬形制情况加以分析。

1. 第二地点Z1

Z1清理墓葬25座，从形制上看包括Bb、Ca、Cb型。其中N2Z1M25、N2Z1M26、N2Z1M21、N2Z1M22、N2Z1M23、N2Z1M24、N2Z1M27均属于Bb型土圹砌石墓，土圹一侧起有台阶，但是N2Z1M25、N2Z1M26有底石无盖板，而其余皆无底石有盖板。N2Z1M20、N2Z1M1、N2Z1M2、N2Z1M4、N2Z1M5、N2Z1M9、N2Z1M14、N2Z1M15为Ca型无圹砌石墓。N2Z1M3、N2Z1M6、N2Z1M7、N2Z1M8、N2Z1M10、N2Z1M11、N2Z1M13、N2Z1M16、N2Z1M17、N2Z1M19为Cb型无圹石匣墓。该冢内共出土镯环类玉器19件，分别出自N2Z1M25、N2Z1M26、N2Z1M1、N2Z1M7、N2Z1M8、N2Z1M11、N2Z1M14、N2Z1M15、N2Z1M21、N2Z1M22、N2Z1M23、N2Z1M24和N2Z1M27共计13座墓葬。其中单独出土玉镯的墓葬是N2Z1M25、N2Z1M26、N2Z1M21、N2Z1M22、N2Z1M23、N2Z1M24、N2Z1M27和N2Z1M14，单独出土玉环的墓葬有N2Z1M1、N2Z1M7、N2Z1M8、N2Z1M11，镯、环共处的墓葬为N2Z1M15。可知，该冢所有Bb型土圹砌石墓均仅出土玉镯，所有玉环均

出自C型的无圹砌石墓和无圹石匣墓，同时在无圹砌石墓中有一座仅出土玉镯（N2Z1M14），有一座玉镯、玉环共存（N2Z1M15）。

2.第二地点Z2

Z2清理墓葬5座。N2Z2M1、N2Z2M3、N2Z2M4为Ba型土圹砌石墓，N2Z2M1、N2Z2M3有石铺底，N2Z2M4无底。N2Z2M1规模巨大，且外围建起石台，为其余二者无法比拟。此外，N2Z2M2为Bb型土圹砌石墓，N2Z2M5为单纯土圹墓。Z2仅N2Z2M2出土有玉环，与Z1相比，同为土圹砌石墓但随葬器类有别。

3.第二地点Z4

Z4下层积石冢共清理墓葬10座，均为A型。其中N2Z4M4、N2Z4M5、N2Z4M6、N2Z4M8、N2Z4M7、N2Z4M16为Aa型土圹敷石墓，N2Z4M9和N2Z4M1为单纯土圹墓，N2Z4M12、N2Z4M13为Ab型土圹立石墓。全部墓葬没有镯环类玉器随葬。

Z4上层A冢发现墓葬6座。N2Z4 M 2、N2Z4 M 10、N2Z4 M 11为Ba型土圹砌石墓，均有石板铺底，其中N2Z4M2出土玉环。N2Z4 M 15为Ca型无圹砌石墓，N2Z4 M 3、N2Z4 M 14为Cb型无圹石匣墓，其中N2Z4M14、N2Z4M15均随葬有玉环。Z4中无圹墓随葬玉环，再一次说明第二地点无圹墓时期以随葬玉环为主。

4.第三地点

第三地点发现墓葬11座，全部为Ba型土圹砌石墓，其中N3M7、N3M9各随葬玉镯1件，N3M3随葬玉镯2件、玉环1件。玉环N3M3∶2外径4、内径2.9厘米，是牛河梁所见最小的镯环类器。据《报告》称，M3打破M4东南部，后者中下部均被M3占据，仅北壁大部保留，人骨架经扰动，堆放于墓室内西部。所以M3的玉环有可能原是M4的随葬品，在埋藏M3时被扰动并取出置于M3中。如是，则该冢墓葬均是以玉镯随葬的。

5.第五地点

第五地点下层积石冢包括Z1、Z2两座。Z1发现墓葬3座，均为Ba型土圹砌石墓，其中N5Z1M7出土玉镯1件。Z2发现墓葬1座，未见随葬品。

第五地点上层积石冢也包括Z1、Z2两座。Z1发现墓葬1座，为N5Z1M1，属Ba型土圹砌石墓，随葬玉镯1件。Z2发现墓葬4座，其中N5Z2M1、N5Z2M2、N5Z3M3为Ba型土圹砌石墓，N5Z2M9为石块与陶筒形器残片合筑的小型墓。N5Z2M2随葬镯2件，N5Z2M3随葬镯1件。

第五地点上层、下层积石冢均以玉镯随葬，不见玉环。

6.第十六地点

第十六地点属于下层积石冢的遗存未见明确的单体墓葬，属于上层积石冢的墓葬从埋葬位置及方向可以分为三组。第一组发现墓葬1座，即N16M9，为土坑竖穴墓，未见玉器随葬。第二组为西侧墓葬，包括N16M1、N16M11、N16M10。其中N16M1为土圹砌石墓，随葬品中包括玉环2件。N16M11也为土圹砌石墓，石板盖顶，不见镯环类玉器随葬。N16M10为长方形竖穴土坑墓，石板盖顶，随葬玉器中包括玉环1件。第三组即为Z1，包括墓葬8座。其中N16M4，N16-79M2、N16M14为Bb型土圹砌石墓，有石板铺底，《报告》称均有镯和环共出，但N16M4：3出土于近肘部，看线图及照片均未套于手臂上，也应视为环。其余为Ba型土圹砌石墓，仅N16M15随葬玉环。

据此，我们列表二，以期更清晰显示镯环类玉器与墓葬形制及墓主人性别的对应关系。

表二 镯环类玉器与墓葬形制及墓主人性别对应关系

墓号	名称	墓葬形制	层位归属	墓主性别
N2Z1M25	镯	Bb	上层	男
N2Z1M26	镯	Bb	上层	不明
N2Z1M21	镯	Bb	上层	男
N2Z1M22	镯	Bb	上层	不明
N2Z1M23	镯	Bb	上层	男
N2Z1M24	镯	Bb	上层	1男1女
N2Z1M27	镯	Bb	上层	女
N2Z1M1	环	Ca	上层	女
N2Z1M7	环	Cb	上层	男
N2Z1M8	环	Cb	上层	女
N2Z1M11	环	Cb	上层	男
N2Z1M14	镯	Ca	上层	女
N2Z1M15	镯、环	Ca	上层	女
N2Z2M2	环	Bb	上层	男
N2Z4M2	环	Ba	上层	女

墓号	名称	墓葬形制	层位归属	墓主性别
N2Z4M14	环	Cb	上层	无人骨
N2Z4M15	环	Ca	上层	女
N3M3	镯	Ba	上层	女
N3M7	镯	Ba	上层	男
N3M9	镯	Ba	上层	男
N5Z1M7	镯	Ba	下层	男
N5Z1M1	镯	Ba	上层	男
N5Z2M2	镯	Ba	上层	不明
N5Z2M3	镯	Ba	上层	不明
N16M1	环	长方形竖穴土坑	上层	男
N16M10	环	长方形竖穴土坑	上层	不明
N16M4	环	Bb	上层	男
N16-79M2	镯、环	Bb	上层	不明
N16M14	镯、环	Bb	上层	女
N16M15	环	Ba	上层	男

可见，就镯环类玉器的使用而言，牛河梁积石冢中同一地点同一冢的同层位墓葬总是以一种相似的方式随葬。单纯以玉镯随葬的包括N2Z1土圹砌石墓、N3、N5Z1（下层积石冢）、N5SCZ2，以随葬环为主并配以玉镯的有N2Z1无圹砌石墓、N2Z2、N2Z4A、N16西侧墓葬、N16Z1。故此，单纯以玉镯随葬，或以玉环为主个别配镯随葬这两种随葬模式在牛河梁是确实存在的。为叙述方便，我们分别命名它们为模式1和模式2。那么，这两种模式究竟表述了怎样的意义呢？它们的区别因为什么而存在呢？

三、两种葬玉模式的意义

不同积石冢中相同的墓葬形式可以采用不同的随葬模式，说明选择哪一种模式随葬并不以墓葬形式的不同为转移，而是取决于其所处的积石冢，所以这种差别与等级、地位没有关系。

从性别与随葬镯环类玉器的关系看，在单纯以镯随葬的积石冢墓葬中，镯与墓主人的性别没有必然的对应关系，以镯随葬的墓主人既有男性也有女性；而在流行以环随葬的积石冢墓葬中，以环随葬同样与墓主人性别没有绝对的对应关系，但是共出镯的墓葬中，墓主人均为女性。模式 2 墓葬中这种镯与墓主人性别的对应关系，在新近发现的红山文化半拉山积石冢也得到了验证[1]。以上可以明显看出葬镯的习俗发生了变化，也说明这两种模式的形成与墓主人的性别无关。

　　从 N2Z1 看，采用模式 1 的土圹砌石墓与采用模式 2 的无圹墓仍处于同一冢域，后者仍在前者形成的冢的范围内进行埋藏，说明葬于此冢的人群没有发生质的变化，不能以族群或人群的差异来解释两种模式存在的意义。

　　镯环类玉器是牛河梁墓葬中随葬频率最高的器形，其他类别的玉器一般都与此类玉伴出，所以镯环是当时最基本的器类，可能具有身份识别功能，形成有此才有彼的配伍，亦即可以视为墓主人身份的标志物。两种模式下，人们的身份识别系统显然是有区别的。那么，既不存在人群的差异，又有习俗上的明显区别，这种不同似乎只能以时代来加以解释了。

　　在牛河梁第五地点属于下层积石冢的 N5Z1M7 即开始了以镯随葬，再根据 N2Z1 层位关系，N2Z1M4、N2Z1M10、N2Z1M14 叠压 N2Z1M21，N2Z1M20、N2Z1M17 叠压 N2Z1M27，说明至少在 N2Z1 是无圹墓晚于土圹墓，即模式 1 早于模式 2。由此，根据镯环类玉器随葬模式的不同，我们至少可以把牛河梁遗址上层积石冢区分为两个阶段：早段流行玉镯随葬，男女均使用，无环；墓葬形制皆为土圹墓。晚段流行玉环随葬，男女均使用，个别以镯随葬，或与环同时随葬玉镯，但此类墓墓主人均为女性；墓葬形制除土圹墓外也有相当数量的无圹墓，至于其间土圹墓与无圹墓是否还有早晚关系，仅就环镯类玉器材料尚难以解释。

　　镯的功能为玉环所代替，在陶器分期条件缺失的前提下，为认识牛河梁红山文化晚期的阶段性变化提供了新的视角。而这种变化应该是依托了一个重大历史背景的，很可能就是伴随西阴文化终结而引起的辽西地区文化的又一突变。

　　附记：本文为国家社科基金项目"牛河梁遗址的补充整理与研究"（项目批准号：17BKG007）的阶段性研究成果。

[1]　熊增珑等：《辽宁朝阳市半拉山红山文化墓地的发掘》，《考古》2017 年第 2 期。

哈民忙哈文化玉器探析

周晓晶

辽宁省博物馆

哈民忙哈遗址位于通辽市科左中旗舍伯吐镇东南约15公里处，从陶器形态和 [14]C数据分析，哈民忙哈文化的年代大约相当于红山文化的晚期，早于南宝力皋吐类型[1]，在距今约5800～5100年之间[2]。在2010～2011年的发掘中出土了近千件遗物，其中包括陶器、石器、骨器、蚌器和玉器等，玉器仅出土于个别房址内，有璧、双联璧、环、斧、钺、坠饰等8件玉器[3]。在2012年的第三次发掘中出土的玉器数量较多，共有40余件[4]。哈民忙哈文化出土的玉器质地细腻温润，外缘均呈刃状，以片形器为主，器形主要有璧、璜、匕形器、简化带齿兽面形器、饰件等，其中以璧的数量最多，其次是双联璧。

从哈民忙哈文化玉器的形制面貌来看，这50件左右的玉器，虽然形制都比较简单，做工朴拙，但与东北地区多个考古学文化的玉器有相似之处，可见其所蕴含的文化成分并不单纯。与哈民忙哈文化玉器有关系的主要有辽西地区的兴隆洼（查海）文化玉器、红山文化玉器，科尔沁地区的南宝力皋吐类型玉器，呼伦贝尔地区的哈克文化玉器及吉林、黑龙江地区的新石器时代玉器。本文通过对哈民忙哈遗址

[1] 内蒙古文物考古研究所、科左中旗文物管理所：《内蒙古科左中旗哈民忙哈新石器时代遗址2010年发掘简报》，《考古》2012年第3期。
[2] 据朱永刚《哈民忙哈史前聚落遗址发掘述要与初步认识》，[14]C数据为距今5800～5200年，见辽宁省文物考古研究所编《红山文化学术研讨会论文集》，辽宁人民出版社，2013年；据吉平《哈民忙哈遗址》，年代为距今5600～5100年，见辽宁省文物考古研究所主办沈阳"红山文化学术研讨会"报告，2012年12月15日。
[3] 内蒙古文物考古研究所、吉林大学边疆考古研究中心：《内蒙古科左中旗哈民忙哈新石器时代遗址2011年发掘简报》，《考古》2012年第7期。
[4] 阿如娜、吉平：《内蒙古通辽哈民遗址第三次发掘又获重要发现》，《中国文物报》2013年4月26日；内蒙古文物考古研究所：《内蒙古科左中旗哈民忙哈新石器时代遗址2012年的发掘》，《考古》2015年第10期。

出土的这批玉器与东北地区其他新石器时代玉器进行比较，来分析哈民忙哈玉器的基本特点。

一、哈民忙哈文化玉器与红山文化晚期玉器的关系

红山文化的中心分布地域在哈民忙哈文化以南，其晚期距今5500~5000年，是红山文化玉器的兴盛期。哈民忙哈文化与红山文化晚期数量最多的玉器造型是璧和联璧，还有一些器形是传承于红山文化但在本地区制作，另外还有一些是流传自红山文化的玉器。

哈民忙哈文化玉器以璧形器的数量最多，根据其形状，可分为扁平的圆角长方形、近圆角方形和近圆形，内外边缘磨成钝刃状，剖面为柳叶形。一般依器形的大小，分别在上边缘钻两个小孔、一个小孔或不钻孔。

圆角长方形璧的长度与宽度相差较大，如F46：9，长11.1、宽7.3厘米，中间的大孔为长方形，上边钻两个小孔（图一：1）。

近圆角方形璧的器体长度在6厘米以上，长度与宽度相差一般在2厘米以下，上缘钻两个或一个小孔。F37②：2，长8.7、宽6.75厘米（图一：2）；F46：15，长12.4、宽11厘米；F46：2，长7.5、宽6.5厘米；F46：7，长6.9、宽6.2厘米（图一：3）。

近圆形璧的器体直径大多在4~7厘米之间，小于圆角方形璧，只在上缘钻一个小孔。F37：1，外径6.9、内径3.05厘米（图一：4）；F46：1，外径4.3、内径1.8厘米（图一：5）。

小于4厘米的小圆璧一般边缘不钻小孔，只有中间一大孔，与不规则形状的佩饰相当，本文称之为系璧，以区别于前几种璧。如F37：24，外径3.2、内径1.3厘米；F46：6，外径2.1、内径0.8厘米；F46：16，外径1.8、内径0.5厘米；F46：8，外径3.3、内径1.2厘米（图一：6）。

红山文化的璧呈扁薄的圆形、圆角方形、圆角长方形或圆角梯形，中央有一大圆孔，肉较宽，一般外径大于内孔径的二倍以上，内外边缘逐渐磨薄呈刃状，剖面似柳叶形。根据笔者对红山文化玉器的研究，将红山文化晚期玉器分为五期，玉璧出现于第二期即较早阶段，此期璧的数量较少，器体较小，直径均在10厘米以下，以3~4厘米居多，肉上无小孔或有小孔，此后各期玉璧的数量大增，并且器形有由小向大发展的趋势[1]。在2014~2016年发掘的朝阳市半拉山红山文化墓地中，有早、晚两期墓葬，共出土了17件玉璧，与哈民忙哈的玉璧类似，只

---

[1] 周晓晶：《红山文化玉器研究》，2014年吉林大学博士学位论文。

是从外形和中央大孔的加工方式看，做工更细致一些。早期只有1件，M49：1，近圆形璧，器体较小，直径4.1厘米，上缘有一小孔（图一：7）。晚期16件[1]。晚期继续流行早期的形体较小、不甚规矩的近圆形玉璧：M36：1，长5.3、宽5、孔径2.6厘米；M35：1，长6.6、宽5.9、孔径2.3厘米；M45：2，长7.9、宽7.6、孔径3.4～3.7厘米（图一：8）。此外，晚期出现比较规矩的圆形璧和圆角方形璧，做工较为精细。圆角方形璧仅有1件，M12：3，器体最大，长14.5、宽13.3厘米（图一：9）。圆形璧2件：M11：2，直径5.9、孔径3.3厘米；M45：4，直径7.9、孔径2.5厘米（图一：10）。

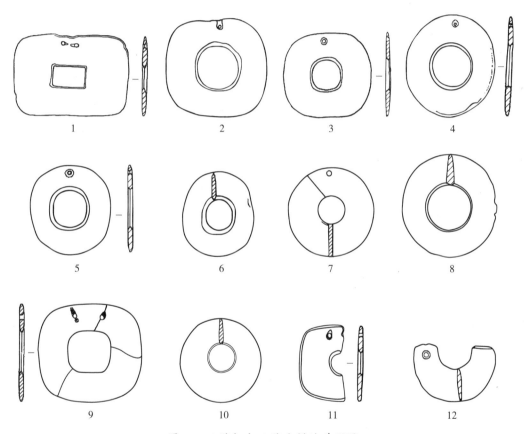

图一　玉璧与由玉璧改制的璜形器

1.哈民忙哈 F46：9　2.哈民忙哈 F37②：2　3.哈民忙哈 F46：7　4.哈民忙哈 F37：1　5.哈民忙哈 F46：1

6.哈民忙哈 F46：8　7.半拉山 M49：1　8.半拉山 M45：2　9.半拉山 M12：3　10.半拉山 M45：4

11.哈民忙哈 F21：10　12.哈民忙哈 F46：20

---

［1］辽宁省文物考古研究所、朝阳市龙城区博物馆：《辽宁朝阳市半拉山红山文化墓地的发掘》，《考古》2017年第2期。

哈民忙哈遗址出土的璜形器为弯弧形，一端有孔或两端有孔，均似为璧断损后改制而成的佩饰。F21：10，残长3.4、宽5.4厘米（图一：11）；F21①：36，残长3.5、宽4厘米；F45：14，长4.6、厚0.3厘米；F46：20，长4.3、宽1.6、厚0.2厘米（图一：12）。

哈民忙哈遗址出土的玉双联璧，平面呈上小下大的"8"字形，内外边缘呈刃状，造型及缺刻处线条都不甚规整，且缺乏力度，显示出朴拙的面貌。如F37：2，长6.5、宽3.1、厚0.3厘米（图二：1）；F46：10，长6.2、宽3.3、厚0.3厘米（图二：2）；F46：13，长4.5、厚0.25厘米（图二：3）。

牛河梁及半拉山遗址红山文化早期的联璧与哈民忙哈文化的双联璧相似度较大，即器形不规矩，尤其是两个璧形之间的缺刻较浅。N16M1：2，长9.1、宽5.6厘米（图二：4）；N16M1：3，长9.43、宽4.83厘米（图二：5）；半拉山M23：1，长8.2、宽3.1厘米（图二：6）。而红山文化晚期晚段的联璧则外形规矩，两个或三个璧形之间的缺刻深浅适中。胡头沟M3：4，高6.4、宽3厘米（图二：7）；半拉山

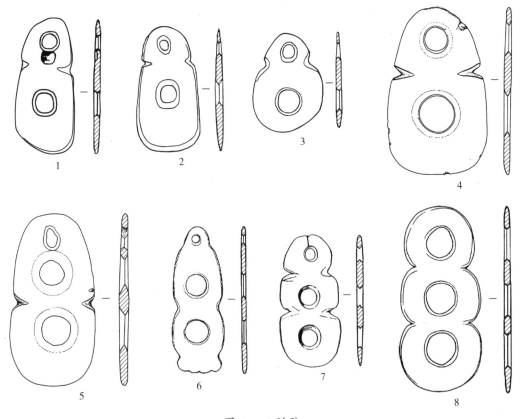

图二　玉联璧

1.哈民忙哈F37：2　2.哈民忙哈F46：10　3.哈民忙哈F46：13　4.牛河梁N16M1：2　5.牛河梁N16M1：3
6.半拉山M23：1　7.胡头沟M3：4　8.半拉山M39：3

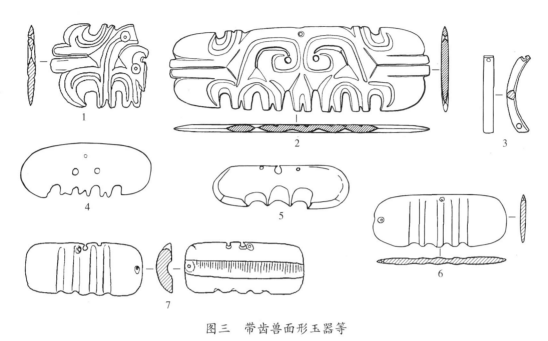

图三　带齿兽面形玉器等

1. 哈民忙哈 F44：1　2. 牛河梁 N2Z1M22：2　3. 哈民忙哈 F45：16　4. 牛河梁 N2Z1M9：2

5. 妇好墓 1976AXTM5：948　6. 哈民忙哈 F46：11　7. 哈民忙哈 F47：2

M39：3，长9、宽4.2厘米（图二：8）。

　　哈民忙哈文化中的某些玉器，似乎是红山文化晚期的舶来品。如带齿兽面形器残件F44：1，残长5、宽4、厚0.4厘米（图三：1），以镂空技法琢成，从余存的残部看，其形制与哈民忙哈遗址出土的其他玉器风格差异很大，而与红山文化晚期的同类器相同。在牛河梁遗址出土了多件带齿兽面形器，完整器的尺寸都在10厘米以上。如N2Z1M27：2，竖高9.4、横宽28.6、最厚0.5厘米；N16M15：3，长16.4、宽5.65、厚0.55厘米；N2Z1M22：2，器身长14.2、宽4.6、厚0.45厘米（图三：2）。从哈民忙哈F44：1的图案看，残件应是原件的四分之一左右，估计其原形与N2Z1M22：2基本相同，所以此器应该是从红山文化中心区传播而来的。另一件似璜形的残器F45：16两端各有一小孔，其中一孔已豁断，长4.6、宽0.6厘米，其断面呈三角形，应该是由红山文化常见的剖面呈三角形的镯残器改制而成（图三：3）。

　　简化带齿形器为横置的长椭圆形，边缘呈钝刃状，中部以打凹技法琢磨出四道凹沟和三道凸棱，在下缘形成相应的三个凸齿。这种造型的玉器最早见于红山文化晚期，N2Z1M9：2，长6.2、最宽2.4、厚0.4厘米（图三：4），外形与红山文化大型具象的带齿兽面形器相比有一定的相似性，但形体较小，又比较简化、抽象，应该是带齿兽面形器的简化形式。商代妇好墓中也出土了一件与红山文化晚期的造型基本相同的简化带齿形器，1976AXTM5：948长6.5厘米（图三：5），说明这种器形流传的时间较长。哈民忙哈遗址出土了两件简化带齿形器：F46：11，长8.8、宽3.2、厚0.4厘米，在上缘中部和左侧边各有一小孔（图三：6）；F47：2，长6.1、宽2.5、厚0.6厘米，上边缘中部有三小孔，其中两个已斲，左侧边有一小孔，背部从左至右有一道贯通的凹沟，从断面看呈半圆形，且有明显的螺旋痕，应该是用管钻加工出来的（图三：7）。与红山文化和商代的同类器相比，这两件简化带齿形器做工更为朴拙，与哈民忙哈遗址出土的其他玉器风格一致，因此笔者认为哈民忙哈的简化带齿形器是受红山文化影响而由本地玉工制作的，同时说明这种造型的玉器传播地域也较广。

二、哈民忙哈文化玉器与吉黑地区新石器时代玉器的关系

在哈民忙哈遗址中出土了多件不规则形状的刃边玉器，器缘呈刃状，在器体的上端或中央有一可穿绳系挂的小孔。从形制特征来看，它们的制作工艺较为原始。F46：4上窄下宽似鸡心形，居中偏下部有一两面对钻的小孔，长3.5、最宽2.3、厚0.2厘米（图四：1）；F45：7似菱形，上端有一小孔，长4.4、最宽2.7、厚0.4厘米（图四：2）；F47：5呈钩形，顶端有一小孔，长4.8、宽3.5、厚0.36厘米（图四：3）。

不规则形状的刃边器广泛存在于东北地区包括红山文化和吉林、黑龙江地区的新石器时代文化中，甚至远至俄罗斯的东西伯利亚和远东地区。在吉林的农安左家山[1]、长岭腰井子[2]和黑龙江的密山新开流[3]、鸡西刀背山[4]、饶河小南山[5]、尚志亚布力[6]等新石器时代遗址都出土了这类玉器，其年代早至距今7500～5500年。这些遗址中出土的玉器多为器体扁薄、外形不甚规则、边缘呈刃状、剖面似柳叶形的不规则形刃边器及形体较小的璧和联璧，与哈民忙哈遗址出土的玉器风格基本一致。

笔者曾在1998年"北京出土玉器研讨会"的论文中提出："从考古资料看，扁

[1] 吉林大学考古教研室：《农安左家山新石器时代遗址》，《考古学报》1989年第2期。

[2] 吉林省文物考古研究所等：《吉林长岭县腰井子新石器时代遗址》，《考古》1992年第8期。

[3] 黑龙江省文物考古工作队：《密山县新开流遗址》，《考古学报》1979年第4期。

[4] 武威克等：《黑龙江省刀背山新石器时代遗存》，《北方文物》1987年第3期。

[5] 佳木斯市文物管理站、饶河县文物管理所：《黑龙江饶河县小南山新石器时代墓葬》，《考古》1996年第2期。

[6] 黑龙江省文物考古研究所：《黑龙江尚志县亚布力新石器时代遗址清理简报》，《北方文物》1988年第1期。

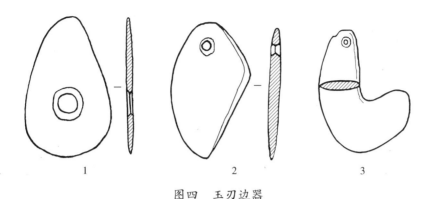

图四　玉刃边器

1. 哈民忙哈 F46：4　2. 哈民忙哈 F45：7　3. 哈民忙哈 F47：5

平形玉器的边缘逐渐磨薄呈刃状、剖面似柳叶形的制玉工艺，在距今7000～6500年左右最先产生于吉黑地区，并在该地区得到发展，开始时多为不规则形状的佩饰，逐渐进化为圆角方形、圆角长方形或近圆形的璧；并在距今6000年左右逐渐传播到辽西地区。"笔者认为吉黑地区的刃边形玉器早于辽西红山文化分布区，红山文化的玉刃边璧形器是受到吉黑地区玉器风格影响的结果[1]。在吉林和黑龙江地区的新石器时代遗址中出土的玉器，有的年代偏早，并对红山文化玉器的风格有很大影响，自20世纪90年代末期以来已有多位学者发表文章论及这一问题，与笔者的观点不谋而合[2]。笔者还以这种观点为依托，认为牛河梁第二地点一号冢M21所出的部分玉器时代较早，在牛河梁红山文化玉器的发展演变过程中具有承前启后的重要作用[3]。

[1] 周晓晶：《倭肯哈达玉器及相关问题探析》，见杨伯达主编《出土玉器鉴定与研究》，紫禁城出版社，2001年。

[2] 郭大顺：《玉器的起源与渔猎文化》，《北方文物》1996年第4期；周晓晶：《东北新石器时代玉器初探》，1997年北京大学硕士学位论文；周晓晶：《倭肯哈达玉器及相关问题探析》，见杨伯达主编《出土玉器鉴定与研究》，紫禁城出版社，2001年；周晓晶：《吉黑地区新石器时代玉器探究》，《北方文物》2000年第4期；刘国祥：《黑龙江饶河小南山遗存的文化性质与年代探讨》，《中国文物报》1999年3月24日；刘国祥：《聚宝山遗址出土器年代分析》，《中国文物报》1999年12月8日；刘国祥：《黑龙江尚志亚布力遗存试析》，《中国文物报》2000年1月12日；刘国祥：《黑龙江史前玉器研究》，《中国历史博物馆馆刊》2000年第1期；刘国祥：《吉林史前玉器试探》，《北方文物》2001年第4期。

[3] 周晓晶：《承前启后的红山文化玉器——牛河梁第二地点一号冢21号墓玉器研究》，见杨伯达等主编《古玉今韵》，中国文史出版社，2008年。

三、哈民忙哈文化玉器与南宝力皋吐类型玉器的关系

南宝力皋吐墓地位于通辽市扎鲁特旗，大约为距今5000～4000年[1]。据研究，哈民忙哈文化与南宝力皋吐类型的分布范围有很大的重合，两者之间有先后继承关系[2]。南宝力皋吐出土的玉器有形体较小的不规则形刃边器（图五：1）、小型无小

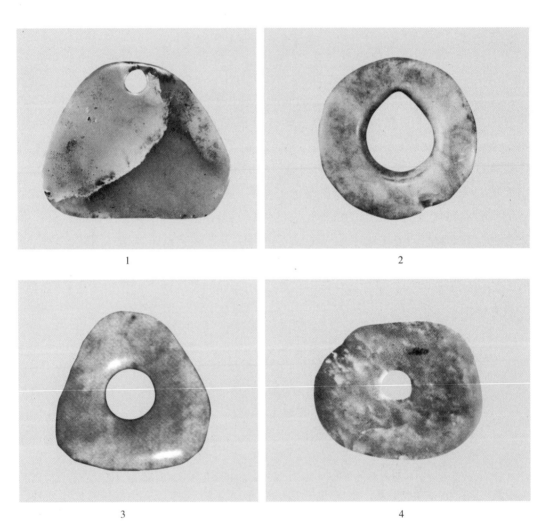

1   2

3   4

图五　南宝力皋吐类型与哈克文化的玉器

1.南宝力皋吐不规则形刃边器　2.南宝力皋吐小型璧　3.哈克不规则形刃边器　4.哈克小型璧

---

[1] 朱永刚、吉平：《关于南宝力皋吐墓地文化性质的几点思考》，《考古》2011年第11期。

[2] 郑钧夫：《燕山南北地区新石器时代晚期遗存研究》，2012年吉林大学博士学位论文。

孔的璧（图五：2）等[1]。从玉器的风格看，南宝力皋吐墓地出土的璧和坠饰与哈民忙哈玉器一样具有刃边的特点，与以前在吉林、黑龙江地区所见的玉器形态也非常接近。邓聪认为南宝力皋吐类型玉器的原料、工艺和器形较之红山文化玉系统疏远，而与呼伦贝尔的哈克文化甚至更北的俄罗斯远东地区出土的玉器联系密切[2]。

四、哈民忙哈文化玉器与哈克文化玉器的关系

哈克文化是一支分布于内蒙古东北部呼伦贝尔草原上的新石器时代考古学文化，年代跨度较大，约在距今 7000 ~ 4000 年之间[3]。发现的玉器有不规则形刃边器（图五：3）、小型璧（图五：4）等[4]。哈克文化中的璧形体较小，都在 10 厘米以下，大多在 3 ~ 4 厘米之间，肉上无小孔，形状不规则，做工与哈民忙哈文化玉器中的刃边器特征相同，比红山文化中的同类器更为古朴、原始。值得注意的是，此类玉器在哈克文化中出现的时间要早于哈民忙哈文化。

五、其他

玉匕形器是兴隆洼文化（图六：1）和小南山文化（图六：2）的代表器形，其时代早于红山文化。在哈民忙哈遗址中也出土了匕形器，器身的正面内凹，背部略凸，有两件标本：F46：14，长 15.3、宽 2.7、厚 0.5 厘米（图六：4）；F47：8，长 6.2、宽 2.2、厚 0.3 厘米（图六：3）。与兴隆洼文化和小南山文化的匕形器相似又有不同，不同的是器体以束颈的形式明显地区分出柄部与身部，柄部有上下对穿孔或背面牛鼻式穿孔，应该是哈民忙哈自己的产品。

有学者通过对红山文化和哈民忙哈文化带有大孔玉器的穿孔技术的考察，认为哈民忙哈文化玉器的穿孔是采用实心钻、琢击和旋转研磨等多种组合工艺，而红山

[1] 内蒙古自治区文物考古研究所、扎鲁特旗人民政府：《科尔沁文明——南宝力皋吐墓地》，文物出版社，2010 年。

[2] 参见朱永刚、吉平：《关于南宝力皋吐墓地文化性质的几点思考》，《考古》2011 年第 11 期。

[3] 赵宾福：《东北新石器时代考古》，吉林大学出版社，2003 年；徐琳：《故宫博物院藏哈克文化玉石器研究》，《故宫博物院院刊》2012 年第 1 期。

[4] 刘景芝、赵越：《呼伦贝尔地区哈克文化玉器》，见刘国祥、于明主编《名家论玉（三）——2010 海拉尔"中国玉文化名家论坛"文集》，科学出版社，2010 年。此外，刘景芝在 2010 年海拉尔会议的报告中公布了该遗址 M3 出土的一件玉坠饰，这是经考古调查出土或采集的第 15 件哈克文化玉器。

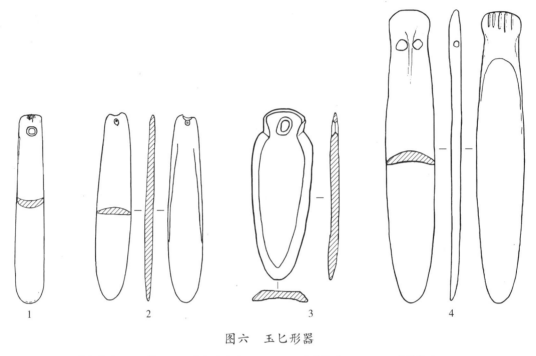

图六　玉匕形器

1.阜新查海 T0307②：1　2.饶河小南山 M1：23　3.哈民忙哈 F47：8　4.哈民忙哈 F46：14

文化玉器则以采用空心双面管钻技术为主[1]，反映出两者属于大约同时的互不相属的玉器工匠集团；而哈民式穿孔技术，应该来源于中国吉、黑和贝加尔湖周围的玉文化[2]。

六、结语

从出土的哈民忙哈文化玉器看，那里的玉器成分复杂，可分为几种情况：

一是玉匕形器，与兴隆洼文化和小南山文化相似，但又具有自己的特点，说明是哈民忙哈文化本身制作的玉器。

二是不规则形状刃边器和小型刃边的璧，这类玉器流传时间与分布地域都很广泛。据目前的研究，在东北地区出土这类玉器的考古学文化中，哈克文化早于哈民忙哈文化，南宝力皋吐类型晚于哈民忙哈文化，红山文化晚期相当于哈民忙哈文

［1］参考郭大顺、孙力：《旋转技术在红山文化玉器中的应用》，澳门黑沙史前轮轴机械及相关问题国际会议论文，2013年6月。

［2］邓聪、吉平：《从哈民玉器谈玉器穿孔南北的体系》，见北京大学中国考古学研究中心等编《玉器考古通讯》2014年第1期。

化，吉黑地区玉器出现早于红山文化晚期，而更北部的俄罗斯西伯利亚地区的玉器出现时间更早。所以，有理由推断：扁薄刃边形器类最初应该是发源于北部并逐渐南传，哈民忙哈文化的扁平刃边形器是与红山文化一样受北部影响并流行，但在这一地区发展较为缓慢，持续流行的时间较长。

三是受红山文化玉器的影响最明显，不但模仿制作了红山文化晚期的简化带齿形器，同时还收藏有属于红山文化晚期的带齿兽面形器残件，改制红山文化玉镯为佩饰。

附记：本文原载于辽宁省文物考古研究所编《庆祝郭大顺先生八秩华诞论文集》（文物出版社，2018年），收入本书略有改动。

浅说玉猪龙的异体

孙　力

辽宁省博物馆

玉猪龙在红山文化玉器中独树一帜，造型极具辨识度。玉猪龙呈玦形，也称玦形玉猪龙。通过观察判断，玉猪龙是龙首蛇身，蛇身向前卷曲呈现出玦形。在头部用线条连起的大圆眼，使眼眶和鼻梁上形成多层褶皱，两耳的曲线向前延伸与下颚相结合形成头的轮廓，大而平的扁嘴紧连下颚底线，这些器官的表现都已经图案化，特征鲜明。玦形玉猪龙整体造型虽属于立体圆雕，但是这种立体圆雕的表面是采用平面的浮雕刻划线条来表现的，并以高度提炼的图案合成。眼、鼻、嘴、耳等都以简练的图形表现。玉猪龙造型虽有简有繁，但这些特征是基本相同的（图一）。

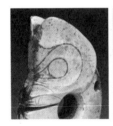

图一　玦形玉猪龙的头部

在红山文化玉器中，除了玦形玉猪龙的原型为猪龙（或熊龙），还有没有其他器物的原型也是猪龙呢？如果有，那么它们就和玦形玉猪龙是同属器形。换言之，如果红山文化玉器中存在与玦形玉猪龙"符号"标识相同的其他造型器物，那么它们就是玉猪龙的同属异体器。

所谓的同属异体，就是器物表现的是同一种神化的动物，只是造型有所不同。借用汉字异体字的概念，汉字中一字多形的现象较为常见，与规定的正体字同音同义而写法不同的字，则称为异体字。玉猪龙是兽首蛇身，蛇身向前卷曲呈现出玦形，这一点已被普遍认同。在红山文化玉器中，这种猪龙的造型也有蛇身向后卷曲的，如牛河梁出土的一件"龙凤佩"（N2Z1M23：3）[1]。龙凤佩中龙的造型，龙头的主要特征与玦形玉猪龙一致，只是蛇身向后卷曲（图二），这说明在红山文化中玦形玉猪龙也是有异体造型的。玦形玉猪龙是圆雕造型，龙凤佩的龙是浮雕造型，但不论是立体的圆雕还是平面的浮雕表现的都是同一主题，代表着同一个神祇的法相。

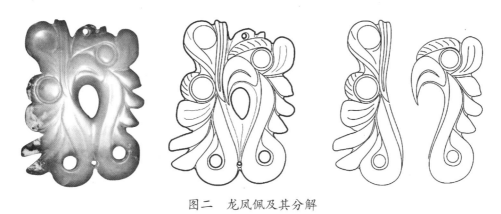

图二　龙凤佩及其分解

丫形器兽面的符号标识与猪龙造型最为接近。丫形器也被称为"兽面纹牌饰""兽面纹璋形玉器"等。目前共发现有4件，其中出土品1件，采集品1件，征集品2件（图三）。

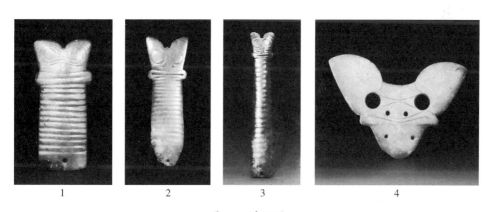

图三　丫形器

1.阜新福兴地镇收集，现藏阜新市博物馆　2.编号4-1017.1，20世纪80年代初或之前收购，现藏辽宁省文物总店
3.编号4-1017.2，20世纪80年代初或之前收购，现藏辽宁省文物总店　4.牛河梁遗址第二地点一号冢21号墓出土
丫形器（N2Z1M21：14），现藏辽宁省文物考古研究院

[1] 辽宁省文物考古研究所：《牛河梁——红山文化遗址发掘报告（1983～2003年度）》，第106页，文物出版社，2012年。

　　这4件丫形器大小不等，但其主要特征具有一致性，薄片状，双面平雕，下部有榫并钻有孔，应是起固定作用。面部五官采用的是标准的玉猪龙图案，即大圆眼，眼周围有用线条表现的褶皱；鼻子比例大，突出吻部，圆弧形，或简略成三角形；双耳在眼上方与脸融合形成丫形；扁形大嘴。不同的是，牛河梁出土的丫形器，眼睛、鼻孔是用钻孔方式来表现的（图四）。可以看出丫形器是玦形玉猪龙的正面像，头部具备玦形玉猪龙的特征，也应是一种猪龙异体。既然正面像猪龙的蛇身不能左右卷曲了，那么就采用瓦沟纹来表现扭曲的蛇身，而这同样极具动感。

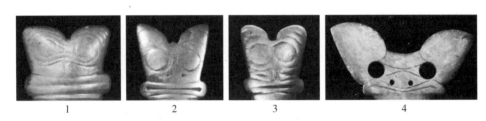

图四　丫形器的面像

1.阜新福兴地镇收集，现藏阜新市博物馆　2.编号4-1017.1，20世纪80年代初或之前收购，现藏辽宁省文物总店
3.编号4-1017.2，20世纪80年代初或之前收购，现藏辽宁省文物总店　4.牛河梁遗址第二地点一号冢21号墓出土
丫形器（N2Z1M21∶14），现藏辽宁省文物考古研究院

　　2019年11月辽宁省博物馆主办了"又见红山"精品文物展，这次展出的红山文化文物多达246件，特别是其中一些新的考古发现，极大地丰富了红山文化的内涵。笔者有幸能近距离亲历这个展览，并在这次展出的文物中发现了几件玉猪龙的异体器物，其造型颇为特殊。本文将就这几种器物展开讨论，以探讨玉猪龙的同属异体。

一、玉兽首端饰

　　辽宁朝阳半拉山红山文化墓地出土，编号为M12∶4，现藏辽宁省文物考古研究院。长6.1、宽4.5、厚2.4厘米（图五∶1）。发掘报告描述：乳白色，微泛灰。完整。磨制。形制规整，制作精致，表面光滑、润泽。体呈楔形，一端厚重，雕刻出兽首形，一端渐薄，加工出榫头。兽首雕刻精美，双耳直立，耳廓圆润，双目是一对钻的穿孔，两侧钻孔稍偏差，孔不规则，额头微耸，圆短吻，鼻尖上翘，口微张，下颌宽厚，颈部内收出棱，下接楔形榫头，表面未打磨[1]。

―――――――――――

[1] 辽宁省文物考古研究所、朝阳市龙城区博物馆：《辽宁朝阳市半拉山红山文化墓地的发掘》，《考古》2017年第2期。

 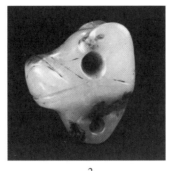 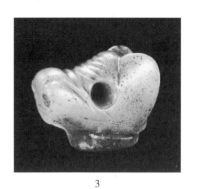

1　　　　　　　　　　2　　　　　　　　　　3

图五　玉龙首

1.半拉山M12：4　2.辽宁省博物馆藏　3.天津博物馆藏

"玉兽首端饰"以前被称作"玉龙首"，与玉猪龙有十分密切的关系，也称"玉猪首""猪龙首""龙首玉雕"。之前所知共有两件，其中一件1965年入藏辽宁省博物馆，高5.6、宽5.8厘米，其特征为圆形大耳，眼睛部位由对穿大孔代替，有阴线雕纹，吻部前伸，略向上翘，颈下端磨薄做成榫，并钻一孔（图五：2）。另一件由天津外贸部门从东北收购，现藏天津博物馆，高3.5、宽4.5厘米，同样是圆形大耳，眼睛部位由对穿大孔代替，面部有阴刻线多道，吻部前伸，略向上翘，鼻端有两个窝状鼻孔，颈下端有短榫（图五：3）。半拉山出土的玉兽首端饰（M12：4）与这两件形制基本相同，应属一类，也应是猪龙的同属异体器形。根据其头部与玉猪龙、丫形器中的龙比对，除眼睛采用的是钻孔外，其他耳、嘴、鼻均相同（图六）。兽首端饰榫接在柄或杖端，也可以把柄看作为猪龙的蛇身。

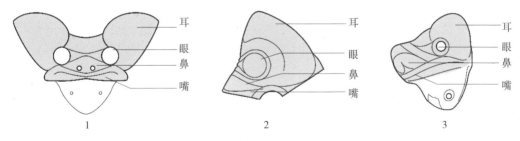

图六　同属异体器形比对

1.丫形器　2.玉猪龙　3.玉兽首端饰

发掘报告介绍：半拉山M12墓主人的胸部出土1件石钺，大腿之间出土该件兽首端饰，根据摆放位置初步推测其应为同一套石钺组件。这是在红山文化墓葬中首次发现成套的带柄端饰的石钺，但在凌家滩遗址、良渚遗址的墓葬中随葬有类似的石钺和钺柄。

二、石雕人头像

辽宁朝阳半拉山红山文化墓地出土，编号为M41∶1，现藏辽宁省文物考古研究院。长24、宽9、高33厘米（图七）。发掘报告描述：砂岩质。面部轮廓清晰。高额，顶部微凸，应为冠，头顶有带饰垂向脑后。耳部雕成半圆形，浮雕柳叶形眼，外眼角向上，颧骨凸出，鼻凸起呈三角形，浅雕两鼻孔，嘴部微隆，闭口，嘴角及下颌雕刻数道胡须。

图七　石雕人头像

可以看出，这是个头上戴冠的人像。其冠的造型特殊，值得我们思考。如果将冠两侧的大圆形视为眼睛，这样就容易辨识了。眼睛外侧的线条向前在鼻梁处汇合，下面是吻部，吻部形状扁平，这些造型特征均与玉猪龙相同。冠两侧的圆眼下面是耳部，虽然有别于玦形玉猪龙的竖耳，但这一特征却与龙凤佩相同。这些特征完全符合猪龙的造型，应属猪龙的异体。该戴冠人像也可以理解为龙首与人首合

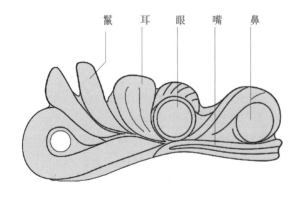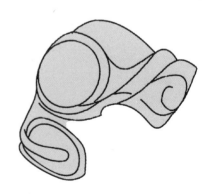

图八　龙凤佩中的龙与冠上龙比较

体的形象，这说明此件器物的造型，不仅仅局限于人戴了一个冠，也可以拓展为龙与人合体。而龙与人、凤与人或龙与凤的合体形象在商代的图案造型中是极为普遍的，这象征着被赋予了神圣能力的人。

将这件器物冠上龙的造型与牛河梁出土的龙凤佩中龙的造型相比较，会发现两者是完全相同的，无论是大圆眼、鼻梁上的褶皱，还是鼻翼的形状，都是完全一致的（图八）。只是龙凤佩的龙耳上竖，而龙冠的龙耳下垂，这应是根据材料形状以及造型的需要做出的调整。由此可知，当时在红山文化范围内这种龙的形象是完全相同的，龙的形象已经深入人心，形象被高度概括、固化形成标记，并逐渐符号化。随着神祇崇拜意识加强，把龙的形象赋予了人的部分特征，创造出龙与人合体的图腾形象。

三、玉蛇形坠

辽宁朝阳凌源田家沟墓地第四地点出土，编号为M9：1，现藏辽宁省文物考古研究院。长84、宽22、厚1.2厘米（图九）。白色玉。蛇身扁长，背部琢四道阳纹，腹部琢六道阳纹。头部雕有张开的扁嘴，浅刻圆形双目。尾部有一上下对钻的小孔，可以系挂。

图九　玉蛇形坠

由于头部都刻划得较浅，不易拍照辨识，笔者采用一种RTI反射变换成像（Reflectance Transformation Imaging）的摄影方法进行了拍摄，这样使头部的形象更加明显从而易于辨识。头部左右对称，大圆眼，长吻，扁嘴上方是鼻孔（图一〇）。这些特征完全符合玉猪龙的造型形式，应属猪龙的异体。

"玉蛇形坠"有专家认为是蛇的造型，因出土在耳部，故推测是蛇形耳坠，并进一步推测此件蛇形耳坠与《山海经》中"珥双蛇"记载相吻合，为玉器与黄帝文化的关系在考古与文献两方面有相同的对应提供了非常珍贵的资料。其实玉猪龙造型的身体也是演化了蛇的形状。猪龙是一种神化的动物，猪首蛇身。这件器物的身体部分采用了四道瓦沟的形状表示蛇形的身体，这在造型方面与丫形器身体部分采用瓦沟形状是一致的。

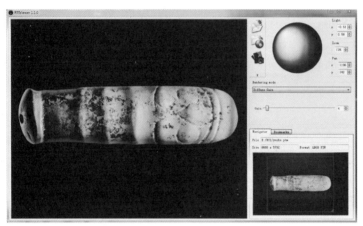 

图一○　玉蛇形坠头部

神祇的形象一般取材于自然界中的动物，但是为了区别，表示神化的动物形象往往采用多种动物的合体，使用较为广泛的就是一些动物的头部和蛇身组合。例如，猪龙：猪首蛇身；凤：鹰首蛇身。其原本代表神祇的兽首蛇身具象的形成，所承担的功能得到确定后，这种代表神祇的形象发展趋势便是逐渐地简化、抽象。同时也会根据不同的需求和不同的功能而变化出不同的形状，像猪龙中的玦形玉猪龙、丫形器、玉兽首端饰等。代表神祇的兽首蛇身形象特征不仅在史前时期，而且在后来的商、周以及汉代，都有这种典型现象，尽管在后代往往会产生出很多复杂变化抑或简化，但这种形象也一眼便可以被识别出其原本作为神祇的法相。

红山文化镯环类玉器分类的再探讨

——以牛河梁遗址的发现为例

郭 明

辽宁省文物考古研究院

牛河梁遗址以出土精美玉器著称，而在这诸多造型的玉器当中，有一类环状玉器数量最多，几乎在有随葬品的墓葬中都有发现。《牛河梁——红山文化遗址发掘报告（1983～2003年度）》[1]将这类环状玉器做了区分，分别定名为镯和环，因为二者形制相同，又统以"镯环类"玉器称之（图一）。

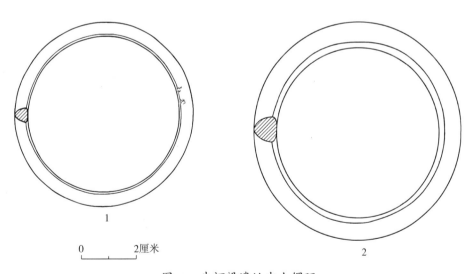

0　　　2厘米

图一　牛河梁遗址出土镯环

1.玉环（N16M4：5） 2.玉镯（N16M4：3）

---

[1] 辽宁省文物考古研究所：《牛河梁——红山文化遗址发掘报告（1983～2003年度）》，文物出版社，2012年。以下简称《牛河梁》。

由于这类玉器数量多、造型简单，在众多造型奇特的红山文化玉器中并不起眼，也较少受到研究者的关注。《从随葬镯环类玉器的变化看牛河梁红山文化墓葬的演变》[1]是目前可见唯一以镯环类玉器为分析主题的文章，文章沿用了《牛河梁》的分类，通过对此类玉器的造型、使用方式的变化的分析，探讨牛河梁遗址墓葬特征的变化及分期，提出早期镯较为流行而晚期则多以环随葬的观点，并指出这种器物组合的变化可能是社会变迁的反映。

牛河梁遗址显示出相当明显的对玉料乃至残损玉器的珍爱，残损玉器再加工利用的情况非常普遍[2]。这类器物虽然造型简单，但其制作却会形成完整的、可再利用的玉芯，与红山文化充分利用原料的理念相一致，应是红山文化玉器制作和使用规范的重要载体。本文拟从此类器物的社会意义、制作特征等入手，对其分类的方式和意义进行简要探讨。

一、名称的限定

牛河梁遗址出土镯环类玉器56件，其中墓葬出土50件，《牛河梁》将佩戴于手腕上的称为镯，而放置在其他位置的称为环，前者注重器物的使用方式，后者则偏重器物的形状。据此分类，镯24件、环26件，但统计（附表一）可以发现，器物的定名并未严格遵循此分类标准，如有多件此类器物随葬的79N16M2，人骨几乎不存，则将内径最大的一件称为镯，另外两件略小的称为环；二次葬，无法确定器物使用位置的N16M14，出土了多件镯环类器物，也对其进行了划分，将体量较大的称为镯，其他的称环；而N2Z1M27戴于墓主手腕部但内径明显较小的也称为环，而未根据使用方式称之为镯。

分类的标准并不统一，多数佩戴于手部的被称为"镯"，但也有佩戴于手部却称为"环"的。相对而言，"镯"的位置多相对固定，而"环"的位置则变动较大。虽然判定的标准并不是特别严格，但仍能体现发掘者的意图，总体而言，戴于手上的称为镯，若无法确定使用方式，或同一墓葬出土多件，则大者称镯、小者称环。

分类是人类认识世界的最基本的手段，有两个重要的标准，一个是分类的客观，一个是标准的统一。我们无法知晓古人的分类，但可以通过他们对待器物的方式来加以了解，器物的使用方式可能是我们能够看到的最明显的代表使用者的分类

[1] 张星德：《从随葬镯环类玉器的变化看牛河梁红山文化墓葬的演变》，《庆祝郭大顺先生八秩华诞论文集》，文物出版社，2018年。

[2] 郭明：《红山文化时期玉器的使用与修复》，《时空穿越——红山文化出土玉器精品展》，北京美术摄影出版社，2012年。

体系。在存在相对严格社会规范的牛河梁遗址，器物的使用方式也应存在同样严格的标准。因此本文在《牛河梁》分类的基础上，根据器物的使用方式进一步明确镯环的分类：将佩戴于手腕上的称为"镯"，曾被称为"环"、明确戴于手部的也划归到"镯"的范围内；而二次葬出土的、位置无法确定的器物则统一称为"环"。有些墓葬由于遭到一定程度的扰乱，器物位置发生变化，不过根据保存状态可以对其使用位置进行重新判断。经重新统计，镯为28件，出于20座墓葬；环为22件，出于14座墓葬，在4座墓中与镯共出（附表二）。

二、社会意义

牛河梁遗址墓葬中有使用单镯和双镯随葬的不同，单镯随葬的墓葬还有使用位置的差异，分析显示镯的这种使用位置的差异与墓主性别密切相关[1]。

牛河梁遗址随葬玉镯的墓葬，墓主性别经判定且无争议者12座，有争议者2座，性别经判定但不完全肯定者2座，未做性别判定者4座。对12座可以确定墓主性别墓葬的统计（表一）发现，采用双镯随葬者多为女性，若男性采用双镯随葬，只戴于右手；若以单镯随葬，男性戴于右手，女性则戴于左手。

据此规律可对其他几座墓葬的墓主性别进行初步判定：对墓主性别有争议的N2Z1M25墓主为女性，N2Z1M24北室墓主为男性；判定可能为男性的79N16M2和N5Z1M7墓主确为男性；未判定性别的4座墓葬除N5Z2M2墓主为女性外，其余墓主皆为男性。玉镯的使用方式具有性别区分的意义。

表一　玉镯与墓主性别相关关系统计

墓葬	数量	位置	墓主性别
N2Z1M25	2	L&R	F/♂
N2Z1M14	2	L&R	F
N2Z1M15	2	L&R	F
N3M3	2	L&R	F
N2Z4M2	2	L&R	F
N2Z1M27	1	L	F
N16M4	1	R	M
N2Z1M21	1	R	M
N2Z1M24	2	R	F/♂&M
N2Z1M26	1	R	M

［1］　郭明：《浅谈墓葬中的性别"代码"与社会秩序——以牛河梁遗址上层积石冢阶段墓葬为例》，《女性考古与文化遗产（第二辑）》，江苏人民出版社，2020年。

墓葬	数量	位置	墓主性别
N3M7	1	R	M
N3M9	1	R	M
N5Z1M1	1	R	M
N16M1	2	R	M
N2Z2M2	1	R	?
79N16M2	1	R	M?
N2Z1M22	1	R	?
N2Z1M23	1	R	?
N5Z2M2	2	L&R	?
N5Z1M7	1	R	M?

注："墓主性别"一栏字母表示现场鉴定结果，符号代表DNA检测结果。DNA检测结果参见赵欣《辽西地区先秦时期居民的体质人类学与分子考古学研究》，2009年吉林大学博士学位论文。

　　14座墓葬出土22件玉环，其中4座墓中与玉镯共出，单出玉环者显示出随葬位置与墓主性别相关的特征，除少数几座墓葬未能判定墓主性别外，女性墓玉环位于墓主身体左侧，男性墓玉环位于墓主身体右侧，二次葬可确定位置者也遵循相同规范，而与玉镯共出者则较为随机（表二）。玉环与玉镯一样，其使用也与社会中通行的性别规范有关，但其功能相对较弱，在与性别相关的社会意义的表现方面是从属于玉镯的。

表二　玉环出土位置与墓主性别相关关系统计

墓葬	镯	位置	环	位置	墓主性别
N2Z1M15	2	双手	1	体左	F
N3M3	2	双手	1	体右	F
N16M4	1	右手	2	腹部	M
79N16M2	1	体右	2	体中	M
N2Z1M1			1	头左	F
N16M14			4	二次葬北侧，体左	F
N2Z1M8			1	左	F
N2Z4M15			2	左侧	F
N16M15			1	体右	M
N2Z1M11			1	体右	M
N2Z4M14			2	右	?
N16M10			1	右	?
N2Z1M7			2	二次葬，无法确认	M
N5Z2M3			1	下肢骨间	?

镯、环虽然造型相同，但使用方式存在差异，这种差异是我们所能见到的代表使用者的分类体系。有4座墓葬镯、环共存，男性墓葬随葬镯1、环2，女性墓葬随葬镯2、环1。统计发现，虽然多数墓葬显示为镯相对大而厚重，但N2Z1M15则显示为环较镯更大些，据此也无法判断镯、环之间的区分标准。虽然镯、环在使用方式上略有差别，但对于使用者而言，可能二者并无严格区分。

三、制作特征

镯、环共存的墓葬数量相对较少，无法体现出统计规律。我们将目光放大到整个牛河梁遗址，从制作特征入手，看二者之间是否有更为明显的区分。

除部分残断器物可能存在变形而无法准确确认其尺寸外，其余镯、环皆近正圆形。这种规范的器物制作可能借助了机械的力量，从少量器物内壁残存的痕迹来看，应是采用了管钻的工艺。而残存有制作痕迹的原料特征则显示，此类器物的制作可能采用了先钻孔而后分割的方式。N2Z4M14出土的两件玉环无论尺寸还是颜色和矿物特征上都表现出一致性，提示着它们可能来自于同一原料。从特征上来看，这类器物的制作最为规范，适合批量化生产，这种标准化造型、标准化制作工艺的器物更能体现社会的规范。若二者之间存在不同的要求，则在制作阶段就可对其加以区分。

1. 外形

镯、环皆为圆形，内缘直或微斜，外缘尖圆，剖面近弧边三角形，具体形状仍略有差别，如器表磨圆的程度等，这种差别在两种器物中都有发现。从钻孔的方式上并不能形成这种两面斜弧、外缘起刃的特点，而是钻孔后进一步修整的结果。而这种剖面形状上的差异可能与时间有关，更可能与后期修整的程度不同有关，但并不构成两类器物的区别，即无法从外形上对镯、环进行区分。

2. 制作标准

对两类器物尺寸大小的统计没有发现明显的规律，总体来看，环的尺寸空间更大，从最小直径4厘米至最大直径12厘米变化不等，基本涵盖了镯从4.9~8.6厘米的变化区间（图二）。

内径与外径比例的变化形成对器物外形的基本认识，镯环类器物外径与内径比例的统计也没有为我们提供二者区分的明确依据，比值的集中分布区间几乎相同，差别在于环类更集中于1.3的区间，而镯类以1.2的区间为主，这可能与统计样本总量较少有关（图三）。这在一定程度上表明，从制作者的角度来看，二者之间不存

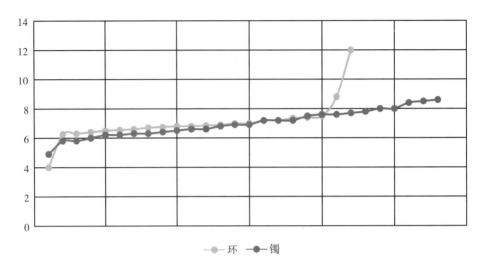

图二   镯、环直径的变化区间

在严格的区分；同样对于使用者而言，如何使用这类器物也并无严格的标准，可能存在混用或功能交叉的情况。

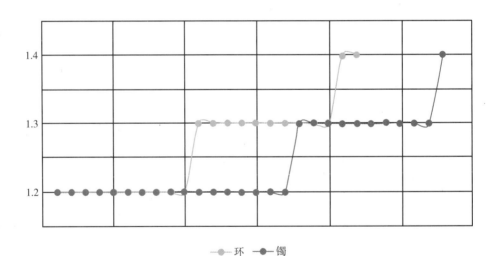

图三   镯、环外径与内径比例的分布

四、余论

分析显示，镯、环虽然在墓葬中有使用位置的差异，但二者的区分并不明显：在器形、纹饰及制作上都遵循相同标准；其所标示性别的方式也基本一致，女性的随葬品偏向于放置在身体左侧，而男性的随葬品则偏向放置于右侧。

虽然能够被看作环的器物数量较少，但从器形、尺寸等因素来看，环所能涵盖的范围更加广泛，而镯则是对环的某些功能和使用方式的具体化。二者无论在制作特征还是其所表示的社会意义方面都并无明显区别，甚至可能在日常使用方面也并无差异。

　　牛河梁遗址以镯的数量多，环的数量略少，从严格意义上来看，那些由于受到扰动或者二次葬中无法确定其准确使用位置的器物也无法判定其为环。除了在墓葬中与镯共出的，仅有N5Z2M3、N2Z4M15和N2Z1M1出土者可以明确不在手部位置。若排除二次葬和受到扰动的墓葬中出土于异常位置的器物，能确定为环的数量还将更少。从此角度来看，镯、环的区分具有很强的主观性。

　　在牛河梁遗址还发现了三件器身钻孔的器物，佩戴于手上的镯（N2Z1M24：2）和摆放于墓主身体上的环（N2Z1M1：1、N5Z2M3：1）上都有发现。这表明，这类器物可能还存在其他的使用方式，在其进入墓葬完成其最后的社会使命之前，可能存在一器多用的现象，它们之间的区分可能没我们想象的复杂。

附表一　牛河梁遗址镯环类玉器信息统计表

出土编号	《牛河梁》定名	外径	内径	外径/内径	位置	墓主性别
79N16M2：2	环	6.25	5.3	1.2	胸？镯内侧	♂
79N16M2：3	镯	8	6.3	1.3	右侧	♂
79N16M2：8	环	6.4	5.4	1.2	足部？	♂
N16M1：4	环	6.3	5.2	1.2	右手侧上（近手）	♂
N16M1：5	环	6.21	5.2	1.2	右手侧下（近手臂）	♂
N16M10：2	环	6.3	5.4	1.2	东（长）石板外侧	
N16M14：4	镯	8.8	6.7	1.3	二次葬	F
N16M14：6	环	7.5	5.7	1.3	二次葬	F
N16M14：7	环	7.35	5.9	1.2	二次葬	F
N16M14：8	环	6.75	5.5	1.2	二次葬	F
N16M15：2	环	6.81	5.6	1.2	腹部，体右侧	M
N16M4：3	镯	7.6	6	1.3	右手	M♂
N16M4：5	环	6.55	5.53	1.2	腹部（上侧）	M♂
N16M4：6	环	6.6	5.5	1.2	腹部（下侧）	M♂
N2Z1M1：1	环	12	9	1.3	头顶左侧	F
N2Z1M11：1	环	7	5.5	1.3	二次葬人骨侧	M
N2Z1M14：2	镯	6.8	5.75	1.2	右腕	F

出土编号	《牛河梁》定名	外径	内径	外径/内径	位置	墓主性别
N2Z1M14：3	镯	7.2	5.9	1.2	左腕	F
N2Z1M15：2	镯	6	5.1	1.2	右腕，移位	F♀
N2Z1M15：3	镯	5.8	5	1.2	左腕	F♀
N2Z1M15：5	环	6.9	5.6	1.2	左腹玉璧下	F
N2Z1M21：15	镯	7.8	6.2	1.3	右腕	M
N2Z1M22：3	镯	6.9	5.7	1.2	右腕	
N2Z1M23：4	镯	8	6.4	1.3	右腕	
N2Z1M24：1	镯	7.2	6	1.2	南室葬者右手	M
N2Z1M24：2	镯	7.7	6.1	1.3	北室葬者右手	F♂
N2Z1M25：4	镯	6.4	5.2	1.2	右腕	F♂
N2Z1M25：5	镯	6.5	5.4	1.2	左腕	F♂
N2Z1M26：3	镯	7.2	5.9	1.2	右桡骨下	M
N2Z1M27：1	环	6.3	5.4	1.2	左腕	F
N2Z1M7：1	环	7.4	5.7	1.3	二次葬人骨上	M
N2Z1M7：4	环	6.7	5.25	1.3	二次葬人骨上	M
N2Z1M8：1	环	6.5	5.4	1.2	被破坏墓葬	F
N2Z2M2：1	环	4.9	3.71	1.3		
N2Z4M14：1	环	7.2	5.6	1.3	被扰乱	
N2Z4M14：2	环	7.2	5.6	1.3	被扰乱	
N2Z4M15：1	环	6.85	5.35	1.3	头骨上方	F♀
N2Z4M15：3	环	6.8	5.2	1.3	人骨左肩	F♀
N2Z4M2：2	环	6.6	5.4	1.2	体左	F
N2Z4M2：3	环	6.6	5.4	1.2	体右	F
N3M3：2	环	4	2.9	1.4	右上臂骨上	F
N3M3：3	镯	6.2	5.3	1.2	右手	F
N3M3：4	镯	5.8	4.9	1.2	左手	F
N3M7：2	镯	6.9	5.9	1.2	右腕	M♂
N3M9：1	镯	8.4	6.7	1.3	体右，手位置	M
N5Z1M1：5	镯	8.5	6.5	1.3	右手	M♂
N5Z1M7：1	镯	8.6	6.2	1.4	右手	可能为M
N5Z2M2：2	镯	7.5	5.6	1.3	左手	

续附表一

出土编号	《牛河梁》定名	外径	内径	外径/内径	位置	墓主性别
N5Z2M2：3	镯	7.6	5.7	1.3	右手	
N5Z2M3：1	镯	7	4.9	1.4	两下肢骨间	

注："墓主性别"一栏字母表示现场鉴定结果，符号代表DNA检测结果。

附表二　牛河梁遗址镯环类玉器的分类再统计

	新命名	出土编号	《牛河梁》定名	位置
	环	79N16M2：2	环	胸？镯内侧
	环	79N16M2：8	环	足部？东南（近短壁）
	环	N16M10：2	环	东（长）石板外侧
	环	N16M14：4	镯	二次葬
	环	N16M14：6	环	二次葬
	环	N16M14：7	环	二次葬
	环	N16M14：8	环	二次葬
	环	N16M15：2	环	腹部，体右侧
	环	N16M4：5	环	腹部（上侧）
	环	N16M4：6	环	腹部（下侧）
	环	N2Z1M1：1	环	头顶左侧
	环	N2Z1M11：1	环	二次葬人骨侧
	环	N2Z1M15：5	环	左腹玉璧下
	环	N2Z1M7：1	环	二次葬人骨上
	环	N2Z1M7：4	环	二次葬人骨上
	环	N2Z1M8：1	环	被破坏墓葬
	环	N2Z4M14：1	环	被扰乱
	环	N2Z4M14：2	环	被扰乱
	环	N2Z4M15：1	环	头骨上方
	环	N2Z4M15：3	环	人骨左肩
	环	N3M3：2	环	右上臂骨上
	环	N5Z2M3：1	镯	两下肢骨间
环计数	22			
	镯	79N16M2：3	镯	右侧
	镯	N16M1：4	环	右手侧上（近手）
	镯	N16M1：5	环	右手侧下（近手臂）

	新命名	出土编号	《牛河梁》定名	位置
	镯	N16M4：3	镯	右手
	镯	N2Z1M14：2	镯	右腕
	镯	N2Z1M14：3	镯	左腕
	镯	N2Z1M15：2	镯	右腕，移位
	镯	N2Z1M15：3	镯	左腕
	镯	N2Z1M21：15	镯	右腕
	镯	N2Z1M22：3	镯	右腕
	镯	N2Z1M23：4	镯	右腕
	镯	N2Z1M24：1	镯	南室葬者右手
	镯	N2Z1M24：2	镯	北室葬者右手
	镯	N2Z1M25：4	镯	右腕
	镯	N2Z1M25：5	镯	左腕
	镯	N2Z1M26：3	镯	右桡骨下
	镯	N2Z1M27：1	环	左腕
	镯	N2Z2M2：1	环	
	镯	N2Z4M2：2	环	体左
	镯	N2Z4M2：3	环	体右
	镯	N3M3：3	镯	右手
	镯	N3M3：4	镯	左手
	镯	N3M7：2	镯	右腕
	镯	N3M9：1	镯	体右，手位置
	镯	N5Z1M1：5	镯	右手
	镯	N5Z1M7：1	镯	右手
	镯	N5Z2M2：2	镯	左手
	镯	N5Z2M2：3	镯	右手
镯计数	28			
总计数	50			

怀念牟永抗先生

——中国考古玉学研究的上下求索

邓　聪

香港中文大学

　　这篇文章初稿，本来是为2015年出版《良渚玉工》而执笔，为此也反复学习了《牟永抗考古学文集》中的论文，受教益良多。本文的初稿，部分也曾面呈先生指正。然而，因为自己对文稿的结尾并不满意，其中原想从西伯利亚更新世晚期玉器出现的情况讨论玉器定义问题，但资料相当繁杂，要加入文中有点不胜负荷之感，而其他工作又接踵而来，最后也就搁置，尘封状态。2017年2月10日早上，从浙江省文物考古研究所方向明先生微信惊悉，牟永抗先生仙逝，噩耗传来，深感震惊，悲痛欲绝。自20世纪90年代相识以来，与先生在香港、杭州两地互动频繁。2000年前后，我在澳门黑沙和珠海宝镜湾发掘及整理新石器时代环玦玉石作坊，先生亲临考察指导。2003～2004年，浙港双方合作"良渚玉器及其影响"，香港中文大学考古工作队得以在浙江省内杭州、桐乡、遂昌、温州等地博物馆顺利开展工作，牟先生的大力支持起了很重要的作用。2003年12月10～15日，笔者有幸与牟先生和中国社会科学院考古研究所刘国祥一同出席环日本海玉文化始源会议，会后共同考察了新潟县西颈城郡青海町翡翠峡谷和糸鱼川市翡翠博物馆等地。这几天得与牟先生日夜相处，执卷问学，也趁机抓拍了先生演讲和观察玉器的风采玉照。现今睹像思人，尤觉得先生亲切和可敬。拙文本来为先生生前所写，遗憾未及完善就搁笔，竟成为纪念先生的文字。这次把文章最后一段加添几笔，文字上略作调整，删除注释，勉强成文，甚感内疚！最后我对先生玉学方面的贡献认识不深，今不自揣浅薄，抛砖引玉。"故人入我梦，明我长相忆。"

一、良渚玉器与牟氏良渚玉学丰碑

我国自身考古学的开始，就是为了"要挖掘出中国的历史"。国外考古学史研究者特里格（Trigger B. G.）将近代中国考古的性质定性为民族主义的考古学。这个意见显然是有点以偏概全，但却颇切中要害。无可否认，任何时代考古学的阐释往往仅能反映当代社会学术的主流倾向。陈星灿先生从中国考古学史的角度指出，"中国文明起源的探索因考古学而来，又随考古学发现而不断深入"。他概括了近百年中国考古思想的趋势，指出自20世纪20年代出现中国文化来源西来说，到30~40年代有东西二元对立说，50~70年代又有一元说，到80年代以来出现多元说的变化。

据此，自20世纪80年代以来，中原以外考古学的兴起是从一元说脱胎到多元说变化的重要阶段，其中中国南部和东北等地考古学的发现如雨后春笋，对传统中原一元说思想挑战起着破旧立新的作用。此中浙江省考古学代表人物牟永抗先生，就扮演着推动一元说到多元说转变的主角。牟先生是现代浙江省考古学的开创者，也是中国新石器时代玉器研究的奠基者。良渚文化有着精美绝伦的玉器和被誉为空前绝后的玉工技艺。良渚文化玉器的发现与研究，牟先生有开创性的贡献。他对良渚玉器丰富的论著，以及在全国特别是江浙一带所树立的考古玉学研究学风和团队，已成为中国考古学研究中一道亮丽的风景。

众所公认，考古学是研究人类物质与遗迹的科学。考古学本身的终极目的也是研究人类行为和思想。然而，真正意义的考古学并不终止在田野的发现，更重要的是考古工作思想上的变化。牟先生所创立史前玉器的体系，代表着现今中国玉器文化研究中最重要的思想理论。

牟先生自我回顾生平的学术，尝感叹"外喜内忧的准悲剧式的多少往事"，其中种种经历的见证，令人非常感动。他生平中的喜与忧，遗留着鲜明的时代烙印。

二、牟氏与浙派玉学形成背景

早在牟氏1991年的访谈中，话题主要是"长江流域考古与中国古代文明"，反映了他考古终极的目标，并为此奋斗前进，衣带渐宽终不悔。20世纪50~70年代，在文明起源一元说流行的时期，中原以外的地区同样遭受到一些不平等的待遇。借用牟先生当时的语言表述："当时只有中原才是正史的一部分"，"良渚发现以后，把良渚的年代及其文化来源都归结到龙山文化，形成了既承认东亚文明为独立的起源，强烈地反对传播论，但在东亚内部，却表现了强烈的传播论理念"。这是先生批判文明起源一元说的时代哀音。这种"被夸大中原地区史前文化对四周传播和影响"观点，到今日已为考古学界所放弃。牟先生无疑是打破一元论的时代先锋。浙江省文物考古研究所的同仁综合先生考古研究成果，总结为三方面最重要的贡献：

一是从田野考古建立浙江省史前时期考古学文化区系类型。

二是中国史前玉器及中国文明起源的研究。

三是浙江瓷窑址考古学的探索。

然而，从考古学整体来说，牟先生对中国考古学的贡献，尤以探索长江流域史前考古与中国古代文明起源的问题为重，并获得开创性的成果。众所公认，他以独特的角度对良渚玉器的研究取得了非凡的成就，显示了长江流域对中国文明起源的重要意义。从这样角度说来，牟先生以长江下游新石器时代文化序列和特征作为重要的切入点，正是剖释中国古文明渊源的关键。

牟先生在玉学方面的研究独树一帜。国内外同行与后辈和他亲近熏炙过的，都强烈感受到先生学问上敏古好求、诲人不倦之风。在江浙一带，尤其浙江省文物考古研究所内，公认"一直以来，牟先生十分关注本所年轻学者的学术进步，指导年轻学者的野外发掘和考古学研究"。受到牟先生良渚玉器研究思想所感染的后学，比比皆是。一些由牟先生所提倡玉器工艺上独特的思想和术语，在目前中国史前玉器的研究中逐渐渗透，产生了很大的影响。这种带有浙江学派的玉学特色，或可称为浙派玉学，正在逐步发展壮大，蔚然成为长江流域考古学的特色。

从学术上系统理解牟先生考古学方面的成就，近年来出现一些比较有利的条件。2009年浙江省文物考古研究所编集《牟永抗考古学文集》的付梓出版，囊括了他一些重要的著作，难能可贵是《牟永抗考古学术简历》的披露。此外牟先生自道早年考古训练班及良渚、马家浜考古的回忆，几次生平自述等，都为了解先生的学术心路历程提供了重要根据。我认为对牟先生史前玉器研究业绩的理解，有几方面的背景是比较重要的。

第一，对现代中国文明起源诸说的理解。作为长江下游史前文化的奇葩，良渚出土丰盛的玉器对中原文明起源一元说起着冲击性的作用。从长江流域史前独特玉文化的角度探索中国文明起源的节点，必须贯彻现代考古学思潮的演变，从而理解牟先生玉学思想的背景。

第二，熟悉田野考古的技术。牟先生长期从事田野考古学，玉器的分期与工艺变迁和功能等解释均建立在田野考古基础上。

第三，熟识良渚玉器研究。牟先生对中国史前玉器做过广泛的论述。他对良渚文化玉器的研究，绝大多数是直接细致发掘和观察玉器的成果。如果没有机会充分接触良渚的玉器，对牟先生玉学成果的理解很容易流于隔靴搔痒。

第四，玉学工艺窄而深的知识基础。牟先生在良渚玉器的象征意义和工艺技术方面有丰富的著述。玉器象征意义方面必须探索重要的方向。然而，这方面的研究难免有见仁见智之处。玉器工艺科技史的技术方面具有较强的客观性，也是理解先生对玉学贡献最切实可行的途径。

第五，熟悉同时代玉学研究状况。20世纪80年代以后，良渚、红山玉器重大新发现此起彼伏，中国新石器时代精美的玉器，一时成为文博、地质、历史、美术和考古等学科探索的热门课题，大量的研究成果不断涌现。各学科对出土玉器有不同的解释，互相切磋。故此，牟先生同时代的不同背景的学者，对先生思想的挑战与回应，是分析我国现代玉学研究史很重要的根据。

第六，掌握浙系玉学团队动向。受牟先生影响新兴起一代学人所形成的团队，已成为近年长江流域史前玉器研究的中坚力量。目前，这批中青年新兴的一代已经成为长江流域史前玉器发现和研究的主力军。他们的研究成果既是牟先生学术的传承，又展示着未来浙派玉学发展的方向。

以上六点是探索牟先生玉器文化方面成就的重要基础。诚如《荀子·劝学》谓"学莫便乎近其人"。如果能得长期间亲炙先生的謦欬，这当然是最难得的机会。笔者二十多年来一直得到先生的厚爱和教育。另一方面，我对东亚玉器学习的视野，更多是专注于长江流域以外史前玉器的研究。这样对我来说，看长江流域的独特文明，就有一种旁观者的感觉，从不同角度管窥庐山的真面目。

三、从头角崭露到考古全才

牟家是浙江黄岩书香世代的家族。牟先生从20岁开始从事考古，坚持无间断，是纯粹的学者，考古一生，如玉人生，令人敬仰和羡慕。先生与考古的缘分，甚至可以从出生的当日计算。这个故事该从他的老师裴文中教授说起。1929年12月6日，裴文中抱着第一次发现的完整北京猿人头骨化石，进入北京协和医院解剖学科主任加拿大人步达生（Davidson Black）的办公室。1933年先生出生的医院，刚巧就是北京协和医院。这里当时正是中国旧石器周口店遗址出土人类化石研究的大本营。牟先生曾受教于裴文中教授，学习旧石器方面的基础知识。裴老对牟先生学术起着重大的影响。先生所最得意玉学的研究基础必定与裴老所传授的石器知识有着密切关系。他日后多次强调玉器起源于旧石器时代，阐述打击技术与玉器制作关系等论点，可见其中的渊源。

先生出生于北京，由于日本侵华，七岁时被迫返回到故乡黄岩。少年一段的日子中，他在乡间劳动，为日后适应艰苦田野考古生活的良好锻炼。他曾多次表示对自己年少时在北京生活的思念。先生的回忆中，自谓"尽管我号称出生地为北京，仍然和其他年轻人一样，对首都充满向往和憧憬"。1954年先生在北京大学参加了短期考古训练班。1982年获邀重返阔别的北京大学母校，就长江流域考古做了六次专题演讲，为此先生兴奋之情，从"我有生以来，思维最活跃的两个月"，对北京出生地依恋的感情，跃现纸上。晚年先生谈及中国考古学研究的组织，以中国社会科学院考古研究所代表"中央军"，省一级的考古是"地方军"。现实中先生虽生在北京，但未能有缘分作"中央军"。生平先生的考古，就是以"地方军"身份配合"中央军"的角色。20世纪50～70年代，"中央军"文明起源一元论思想占据主流，先生恰好据长江下游的考古资料，以文明起源多元论回应"中央军"。

　　牟先生在中学时代特别喜欢数学和物理，甚至被同学戏称"几何大王"。理工学科良好的基础对他后来重视玉器工艺痕迹形成物理过程有一定的帮助。晚年他曾呼吁"加强考古学生源的理科知识"，显示先生玉学研究的特色。在考古学习的开始，先生没有学院式的经历。1953年先生第一步迈进考古生涯，参加老和山遗址的发掘工作，得到曾在安阳发掘的王文林技师手把手的教导，学习如何分辨生土与熟土、陶片拼合修复等技术。1953～1956年，牟先生多次田野考古工作曾受教益于王文林技师。这是他从田野考古发掘到遗物观察技术的扎根时期，无疑也是后来他对考古遗物工艺技术尤其重视的背景。这些早年的工作经验对他日后倾力在玉器、陶瓷工艺追求探索，草灰蛇线有迹可循。

　　1957年先生24岁，正是如旭日初升，参加了龙泉窑址的发掘工作。后来，独自主持大窑乙区及金村窑址的发掘工作，为宋代龙泉窑早中晚三期区分提供了断代依据的基础。骤眼看来，龙泉窑址的研究与史前玉器的分析似乎是南辕北辙。事实上在考古方法论上，两者有很密切共通之处。他指出："瓷窑址考古是继瓷窑址调查之后，将传统古陶瓷研究逐步纳入考古学规范的又一个举措"；"如何从制瓷工艺入手，从制品的自身演变中建立分期与断代谱系，应是瓷窑址考古研究的基础性课题"。就考古学方法而言，动态遗物技术、形态变化精辟研究的方法，一直在先生的考古学研究中有所体现。

　　1963年先生30岁，英姿飒爽。当时先生具备十年的田野考古经验。他当年的成就已头角崭露。这包括考古学文化序列的划分。1965年在吴兴丘城遗址，他发现上、中、下三层及中层墓葬组成的四个考古学地层单位，日后成为马家浜文化、崧泽文化、良渚和马桥划分的开创性基础。再者，1953年他在老和山遗址首次邂逅石英质玦饰；1963年在余杭安溪苏家村发掘良渚文化遗址，亲手挖掘一件半残的玉琮。这十年考古生涯中，从史前遗址到历史时期墓葬序列的建立，对陶瓷、玉器等的发掘和关注，隐约可见牟氏后来学术研究的主要方向。

　　40～50岁阶段，他主要精力集中于长江下游新石器时代体系的建立。1973年余姚河姆渡遗址和1979年罗家角遗址的发掘，是对长江下游新石器时代较早阶段系列原始文化的建立，包含早到距今7000～6000年各种玉石的饰物，为当时中国新石器时代包含玉文化年代最古的一群。1977年夏鼐先生针对河姆渡文化新发现指出："这也使我们重新考虑我国新石器文化的起源，是否一元的这个考古学上的重要问题。"这无疑宣告考古学思想从中原一元论开始向多元论的巨大变化。20世纪70年代末期，牟先生有关河姆渡、马家浜和良渚文化等新石器文化系列细致分期的探索，为长江下游新石器时代玉器文化序列奠基工作。1979年先生所执笔《三十年来浙江文物考古工作》一文中，构建了浙江新石器时代文化的谱系，并对青铜时代长江下游考古学文化做了全面探索。先生在考古起步最初二十多年间，在江浙各地遗址留下脚踪处处。45岁壮年阶段的先生有挫万物于笔端的气势，俨然已成为浙江考古界领军的人物。

四 、玉器研究初试啼声

20世纪80年代中期以后，因为良渚文化反山、瑶山等遗址玉器的惊人发现，牟先生适逢此千载难逢机会，成就了在中国新石器时代玉器考古学开创的贡献。他以剖析玉器文化的手段，凸显中国文化的主要特色及其在世界史上的地位。

20世纪80年代，我国古代玉文化发现和研究正是充满机遇与挑战的大时代，吸引了很多不同学科背景学者的参与，揭开了中国古代玉学研究黄金时代绚烂的一幕。这一时期地质学家对古玉的研究，既是必要也是及时的介入。中国地质科学院地质研究所闻广先生从考古地质学立场，特别是以软玉矿物学角度对古玉研究的切入开创了考古古玉地质学重要的基础。闻氏得着先鞭，对东北地区辽宁查海、新乐、红山文化和江浙良渚文化的新石器时代玉器进行大量的鉴定，使古玉系谱规模初现。考古学方面，夏鼐先生于1981～1982年间对夏商周以至汉代玉器的研究方法、分类、定名和用途等进行了研究，1983年又对新石器时代龙山文化以来的牙璧做了系统和功能的解释，都为中国古代玉器研究开创之作。

20世纪80年代初，中国新石器时代玉器研究的发展异常迅速。在东北方面，辽宁省孙守道、郭大顺先生针对红山文化中玉器的发现，提出玉兵时代概念。内蒙古三星他拉红山玉龙的确认，一时风靡。在东南沿海方面，上海的崧泽遗址，江苏的花厅、草鞋山、大墩子、寺墩、张陵山等，浙江的马家浜、河姆渡、罗家角遗址等，新石器时代从早期至晚期阶段玉器的出土如雨后春笋。在此期间，牟先生对玉器研究初试啼声，并很快在考古玉学研究领域中脱颖而出。

1982年是牟先生转向玉器考古学重要的转折点。是年的冬天，先生被邀请到上海福泉山工地考察，对崧泽与良渚间文化变化有了更深刻的认识。王明达先生主持吴家埠遗址的发掘，成功分辨剥剔出26座良渚文化墓葬和玉器。吴家埠遗址还出土了大型良渚玉琮中孔的玉芯。日后牟先生对良渚玉琮管钻穿孔技术的破解，这是很关键的资料。1982年5~6月，他应北京大学考古系之邀请，重返北大讲学，就长江流域下游新石器相关专题的六讲，是对江浙地区新石器文化深入思考的良机。也因为在京的机会，同年冬天牟先生应邀为北京大学举办的全国古玉研究班授课，为此撰写《长江下游地区新石器时代玉器》。先生日后曾对此文自谦表述："是我在反山、瑶山发掘之前一次涉及古玉研究的文字记录，比较真实地反映出一个考古工作者初次涉足该领域专题研究前，对有关专业知识的幼稚、无知和缺失错误。"从学术史角度来考察，这篇文章毫无疑问是中国新石器时代玉器体系奠基之作，也是先生迈开古玉研究的第一步，意义深远。

三十多年后再捧读先生《长江下游地区新石器时代玉器》文章，犹觉得珠玉纷陈，胜义迭出。这是我国新石器时代玉器第一篇系统的论述。我们甚至认为，这篇文章与夏鼐先生在1982年所发表的《商代玉器的分类、定名和用途》，可以互相媲美。前者牟先生所专注是新石器时代玉器渊源的问题，后者夏先生文章是三代玉器研究示范之作。两者文章在时代上自史前至历史时期，相互衔接，都是以考古学方法研究出土玉器的力作，异曲同工。

综观《长江下游地区新石器时代玉器》一文重要性是多方面的。正如作者所指出，"长江下游从河姆渡文化（距今约7000年）到良渚文化（距今约4200年）都使用玉器。其上下限为距今7000~4000年前。当时玉器的品种与制作技艺似已形成规律，在全国范围内似乎处于某种领先地位"。长江流域河姆渡以至良渚文化新发现早期的玉器，在当时中国以及东亚玉器起源问题上头角峥嵘。牟先生此文有两重点：其一，是建立长江下游新石器时代玉器时空序列及对内涵变化的分析；其二，从长江流域早期玉器出现，扩大至中国玉器文化源流的探索，视野广宽。文中主要的论旨，仍然是贯彻史前玉器文化，思索长江流域对中国古文化形成的贡献。

第一点，有关长江下游新石器时代玉器出现，从地域上分宁镇、太湖、宁绍三个地区分别讨论。太湖地区新石器时代早晚阶段玉器系列，从马家浜文化、崧泽文化以至良渚文化的发展轨迹，清晰可辨。先生综合其中的特色，如人体佩饰用玉的玦、璜和礼仪用玉的琮、璧的出现年代、密集程度，均居全国首位。因此，他认为，玦、璜、琮、璧四种玉器起源于长江下游，大致不会有很大错误。

20世纪80年代以来，以上牟先生的论断成为中国以至东亚考古学界长期公认最权威的看法之一。现今看来，我们当然知道东北地区兴隆洼文化包含更古老的玦饰玉文化，但长江流域仍然是我国用玉最早的地区之一。牟先生在我国史前玉器研究发轫的阶段，对于长江下游史前玉器的定位独具慧眼。他甚至指出，长江下游史前玉器的环、镯等很可能是来自黄河下游的影响。按我们今日对东北亚早期玉器的认识来说，牟先生的环、镯北来说仍然是十分重要的观点。

第二点，长江史前玉器与中国文明起源关系。牟先生认识到黄河流域仰韶文化并不具备玉器起源的传统。"玦、璜、琮、璧在中原出现的时间都比较晚，我们认为，我国中原地区商、周文化的玉器，不少品种来自东部、东南部诸原始文化。""二里头文化中包含有若干良渚文化的因素。""中原地区的印纹陶应属于来自东南地区的影响，那么，玦、璜这两种佩饰用玉，是否也可能和印纹陶一起融入中原的商文化之中呢？"

三代中原存在东南地区史前玉器文化的一些影响，这是现今大家公认的事实。不过，牟先生的深意在于指出，其中商文明因素内所包含长江史前玉文化的传承，也就是长江流域反过来对中原华夏文明的回馈。牟先生一再指出，长江流域古代文化中的精华，以玉、丝、漆、瓷四者代表，尤以玉居首，它们构成长江流域新石器时代以来最重要的文化特征。这确为掷地有声之卓见。

五、应对文博与地质学的挑战

1982年以后，牟先生精力集中于浙江新石器时代文化的研究。1984~1988年，牟先生担任浙江省文物考古研究所二室（史前考古）主任。举世瞩目的良渚文化王墓等级的反山和瑶山遗址，就是分别在1986、1987年发掘的。这两个遗址之骄人发掘成果，用牟先生语言来表达："单就玉器而言，在数量、品种或花纹均超过全国以往历次发掘所得良渚玉器之总和。而且还发现了许多新器种、新纹饰，成为良渚玉器一次轰动性的空前大发现。"同时，牟先生高瞻远瞩，深刻认识到反山、瑶山良渚玉器的发现，使"玉和玉文化研究成为具有中国特色的研究领域中一门崭新的课题，以成组的玉礼器出现为标志的玉器时代，就是中华文明曙光的最强光束"。

1986年5月31日上午，反山良渚十二号大墓97号玉琮射口刚露头，是否确实为玉琮，关系到是否可作为良渚大墓性质的判断，迫在眉睫。当日下午一时，97号玉器环状射口刚被剥出四角时，"蹲在墓边的王明达不顾一切地一跃跳进墓坑，一边大喊：'快叫牟永抗，快叫牟永抗。'"王明达先生是反山遗址发掘的领队。"快叫牟永抗"并不单是反山遗址对牟先生的呼唤，更是其后瑶山等一连串良渚文化遗址空前发现的大时代对牟先生的召唤与期待。1986年以后，牟先生的所有精力都集中于良渚及中国古玉方面的研究。这是中国考古学黄金时代给予先生的使命。

1988~2007年约20年间，先生先后发表26篇玉器相关文章，约30万字，其中主要涉及三个问题：良渚玉器象征意义和工艺的技术，中国新石器时代玉器的体系，玉器时代与中国考古学的特色。

如果说传统上对古玉的学术研究始于宋代，下延至清末吴大澂的《古玉图考》作为传统古玉研究的总结，科学的玉器研究则要到20世纪我国考古学诞生后才出现。20世纪上半段，除了一些历史时期如殷墟玉器的出土外，史前时期玉器发现乏善可陈。一直到20世纪80年代，从东北内蒙古、辽宁，沿海山东、安徽、江浙、上海，以至南海岭南、台湾等地，数千年前以至近万年前的古玉纷来沓至，时而更蜂拥而出。20世纪后半段迄今为中国古玉科学研究的黄金时代，崭新的中国玉器历史有待重建。

牟先生的玉学思想，在20世纪80年代后新出土古玉风潮中，从不同学术角度之间互相激荡中产生。对于牟先生学术思想的挑战，除了当代考古学思潮本身以外，艺术史及地质学等方面的刺激尤其明显。首先是来自于文博界，"以传世玉器为研究主体的新一代传统古玉研究者"，他们关心古玉考古发现的资料，但是与考古学的方法、视野和研究目的等方面都存在差距。两者间有一定的合作空间。然而，牟先生认为："总体认识上存在某些共同的局限性。"这种共同的局限性究竟是什么呢？牟先生并未有进一步的说明。然而，我们从20世纪90年代由文博与考古学界合作编著的《中国玉器全集》（1～6卷，1992年出版）中，可以略见端倪。

传世玉器是文博界学者研究的强项。故宫博物院的著名学者杨伯达为代表。2006年学界为杨先生庆祝八十大寿出版《如玉人生》，文集综合反映了20世纪70年代以来古代玉器研究过程。1989年《故宫博物院院刊》登载杨氏《中国古代玉器面面观》论文，其中有关和田玉料和砣具加工技术的内容引起了当代玉学研究的争论。

其一，有关玉料方面，杨先生对新疆和田玉料尤其重视，认为"我国玉器历来指和田玉而言"，"和田玉是我国玉材的精英"，"是我国古玉的主流"。另一观点是有关玉人和砣具关系。他认为新石器时代晚期红山、良渚玉工都以原始旋转性工具砣机械加工，甚至认为"这种认识在考古界和文博界古玉研究中是得到公认的"。上述杨氏对玉料和史前玉砣工艺的观点，长期以来在学术界有很大的影响。

对于以上两个观点，牟先生有自己的看法。玉料矿物学虽非他所长，但在1992年《中国玉器全集》第一集《中国史前艺术的瑰宝》中，他谈道："国内有的对玉器研究造诣很深的学者，以和田玉作为我国用玉的标准，这是对玉材和玉器的更高要求。"这无疑是对当时"和田玉是我国古代玉器主流说"隐约的怀疑。2001年牟先生在《玉器时代续议》中开宗明义指出："20世纪80年代以来，我国古玉研究有了长足的发展。其中很重要的一项成果是从概念上冲破了唯新疆和田所产才能称作真玉和凡是玉器一定要用砣机加工制作两大禁区。使古玉研究在认识上逐步摆脱古玩鉴赏，纳入考古学研究创造了广阔的前景。"

作为古玉研究进展概念上两项重要的突破，玉原料问题是矿物学的工作，而后者则是考古学物质技术层次上的认识。在矿物学方面，1986年中国地质科学院地质研究所闻广在科学分析苏南草鞋山、张陵山东山、武进寺墩等良渚玉器的报告中，已明确指出："一百多年来，西方学者对中国古玉原料来源问题……自汉武帝时张骞通西域（公元前139～前126年）后，以和田为代表的昆仑软玉才传到中国内地，而内地不产软玉。事实上并非如此……中国内地也并非没有软玉。"

　　同样是1992年，闻广在《文物》发表《辨玉》文章。闻氏晚年告诉笔者，他有鉴于当时文博和考古学界对玉的科学概念认识的不足，才有《辨玉》之作。根据他科学测定，红山、良渚等大量玉器都明显与新疆和田玉并不相关。此前，有些意见认为，"至于和田玉与红山文化的关系，地望条件值得注意，出潼关向东北，经古燕地便可到达红山文化所波及的区域"，这当然是不攻自破。

　　另一个有关砣具旋转机械的问题，砣机的产生被认为是"我国古代治玉史上的一次技术革命"。20世纪80年代以来，不少文博和考古学者曾论述，红山、凌家滩、良渚出土精美玉器是由砣机琢制而成，砣具几乎一时成为新石器时代晚期玉器加工技术的"定论"。对于这一方面，牟先生很早就据良渚玉器表面的痕迹，对砣机说提出质疑。他深入观察反山、瑶山出土两千多件玉器后，指出良渚玉工最常见制玉工艺有切割和钻孔，"在切割痕迹中可区分出硬性片状物切割和柔性线状物切割两种"。他指出："我们检视了反山和瑶山出土玉器所留的切割痕迹，除反山M20：5瑗面上留下同心圆的轮旋纹及反山M20：157璧面外缘附近留下一处凹弧形台面外，均为线切割的痕迹。上二例也未必能定为砣切割加工。"

　　牟先生上文最后有"未必"两字，按这两件玉器表面痕迹看来，尚似有不作最后肯定的意思。他根据良渚文化最具代表性的反山、瑶山两千多件玉器表面的加工痕迹，认为其与砣具加工完全无关。长期以来，中国新石器时代晚期玉器是否由砣具加工，成为20世纪玉器工艺技术上最具争议性的话题。2001年由台湾大学钱宪和先生组织的一场"玉作坊研讨会"，就仿佛是新石器时代玉作中"砣具"存否之对决大战。会议后发表《史前琢玉工艺技术》论文集，诚如钱氏所指出，"很明显的意见的分歧，仍然主要是砣具的有无"。笔者当时幸得厕身于是次会议当中，并担当了"玉器工艺"小组讨论的主席。从会议后出版论文可见，主张新石器时代存有砣具的学者仍占大多数，以杨伯达、张广文、黄宣佩、张敬国、杨竹英、陈启贤、钱宪和、方建能等学者为代表，反对的仅有牟永抗先生一文。首先，杨伯达先生《关于琢玉工具的再探讨》文章，重点谈砣机玉石工艺分化，主要是砣机发明和应用，最早砣机是一种原始砣具，主张红山、凌家滩、良渚文化阶段创造了原始砣具。故宫博物院张广文、上海博物馆黄宣佩，从他们的论文题目《凌家滩出土新石器时代玉器上的"V""U"形截面加工痕与片状厚砣具的使用》《良渚玉器上砣研痕之研究》来看，明显主张新石器时代砣机的使用。安徽省文物考古研究所张敬国一组，更以显微拍摄照片去"展示砣刻的痕迹"。地质学界代表钱宪和一组的《史前玉器的制造工艺技术》一文，否定凌家滩、崧泽、良渚玉器上弧状痕迹是线切割痕，而认为与现代砣具深槽痕十分相似。

以上支持新石器时代晚期已采用砣机说的，包括两岸故宫文博及田野考古学者各两名，地质学者一人；相形之下，持否定论的仅有牟永抗先生一人。当然我们知道，学术上的争议并不能以民主的大多数方式去决议。牟先生论文第一段就辞锋犀利指出："唯砣具方能琢玉，成为阻碍玉器研究者学术视野的一条不成文的成规。"其中所谓阻碍视野的看法，例如相信只有砣具制作的器物才能成为玉器，长久以来人们相信我国玉器上限年代只能到西周。

牟先生通过分析良渚玉器表面痕迹，从线切割、片切割否定砣具存在，文章末段集中讨论砣具切割玉器的特征，如砣具切割玉料方向恰恰与线切割相反，砣具切割圆弧等径圆，而线切割近似平行抛物线形同心圆等。根据出土玉器表面痕迹与砣具切割特征对比差异，他否定砣具在新石器时代存在的说法。

笔者一直主张按玉器工艺技术特征判断砣具有无，并非可以人言人殊，如此玉器科技工艺研究就变成一种伪科学。这是不能容忍的倾向。这只是反映目前古代玉器科技历史研究，仍然是处于起步阶段，由于各种术语概念未有共通的定义，才造成"相同的玉器上一些现象却有极端不同的解释"。直到现在，学术界对于新石器时代晚期是否存在过砣机加工玉器的争论，也未能达到最后的定论。按我印象所见，目前江浙一带青年考古学者基本都支持新石器时代无砣机论，反之砣机说则后继无人。1992年出版的《中国玉器全集1·原始社会》是20世纪中国玉器研究的里程碑，代表东北红山与江浙一带良渚两大玉文化体系的初步综合研究，同时反映了文博与考古于玉器研究方法和目标存在的差异，也是"两支队伍相互合作的良好开端"，而合作上"局限性"是不言而喻的。其中尤以新石器时代晚期"砣具"有无，争论迄今二十多年仍各持已见，成为中国新石器时代玉器研究的一桩暂时无法了结的公案，有待下一代学者的判断。

总结以上和田玉和砣具两个问题提出，都是以历史时期玉原料和工艺去逆推新石器时期玉工的技术。玉料方面随着各地软玉原矿床的发现，新疆和田玉作为新石器时代玉器主流的说法破绽毕露。至于砣具问题争论的解决也是指日可待。

六、《三题》与《辨玉》商榷

玉器本身是一种矿物，又是由人工加工而成的器物。这样玉器在研究本质上就必须是多学科的结合。20世纪80年代，地质学界对玉器研究的积极参与展开了中国古代玉器研究新一页。众所周知，中国地质学开山鼻祖章鸿钊的《石雅》第三卷《玉类》有关真玉、解玉砂以及历代玉器的大观，学术权威论述既具备地质矿物专门知识，又兼具对传统文献历史玉器高深的造诣，对此后考古出土玉器的研究起着重要的开导作用。20世纪80年代初，闻广先生继承先学成果，在地质矿物学上已经有三十多年研究经历，另外他有家学渊源，父亲是著名文史学家闻宥教授。二十多年间，闻氏全部精力集中在出土古玉矿物学研究方面，影响巨大。牟先生和闻先生二人是相知。1991年初夏，闻、牟一同实地考察了浙江小梅岭玉矿，虽然没有发现古代开采玉矿的痕迹，但对良渚人玉器原料产地问题的探讨提供了难得的线索。

1998年牟先生65岁，正当学术上的盛年。当年完成《试论中国古玉的考古学研究》，由1993年初稿改订至定稿，用时长达五年之久，充分反映了先生从考古学角度研究出土古玉的重要思想体系。这篇文章引用最多的是闻广先生有关玉器的论点，论文中五处直接引用或讨论了闻氏对古玉的研究。牟先生对闻广先生玉器研究评价很高。他谓："闻广所进行的古玉地质学研究，都是富有成就的基础性研究成果。"这里所看到地质学与考古学对古玉研究的合作，也隐藏着双方对古玉研究思想上的歧异、互相交流激荡以至争论。牟先生如何从矿物学古玉范畴中展示出考古学研究方法的特色，也是值得深入分析的课题。

闻和牟两位大致都是从1982年后，就与古玉研究结下终生不解之缘，可以说是与玉有缘。这里我们先总结闻广先生以地质学角度对古玉研究的成果，以便理解牟先生以考古学为核心的玉学观点特色。

1983年闻先生完成第一篇古玉研究论文《中国古玉的考古地质学研究——玉：中国古代文化的标志》，其中就古文献、扫描电镜下矿物的特征，对软玉结构进行分析，揭示古玉科学研究基础。闻氏继承和更正了章鸿钊首倡的中国玉器时代说法，"建议将我国新石器时代称作玉器时代"，并且指出中国国内软玉并不一定"全部来自昆仑"，又提出国内如何寻找软玉的问题。二十多年来，闻先生目验古玉数千，显微镜观察玉器也有千件以上，如东北查海、牛河梁，西北大地湾，山西陶寺、曲村，江浙一带草鞋山、崧泽、南河浜、反山、瑶山、好川，以及历史时期的商代妇好墓、西周沣西、汉代南越王墓、高邮神居山二号汉墓，国外越南长睛等重要古玉资料，蔚然大观，上下八千年古玉精华均被网罗。

事实上，1989年闻先生完成的《中国古玉的研究》论文，充分反映了他对中国玉文化地质学研究的主要成果。其中重要几个论点包括：

第一，玉矿物学概念界定，指出矿物学上"玉仅包括碱性单斜辉石的硬玉及钙角闪石的软玉"，并解释了软玉结构交织纤维显微透闪石－阳起石系列矿物集合体的特征，如加工难易、韧性差异、受沁程度与软玉晶体成束、组成纤维粗细相关。

第二，古玉可以区分为真玉、假玉及半玉三类。此外，考古发掘出土石器中亦包含有真玉，如大甸子夏家店下层文化墓地中真玉制石器有十多件；良渚文化所用假玉应当是有意应用的，杂用假玉与否似乎反映了等级的差别。

第三，世界最早真玉，出自公元前6000多年的辽宁阜新查海遗址，出土的8

件玉器全是真玉。当时人鉴别玉料水平甚高，已脱离用玉初期真假玉混杂不清的阶段。

第四，我国史前的玉器文化，总而观之，是自北向南与自东向西逐步发展，即愈西愈南，用玉起始越晚。

以上四点来自地质考古学的挑战，第一点，纯科学矿物学辨识；第二点，真假玉配合与社会阶段反映，已涉社会结构文化层次；第三点，是以查海遗址所构成软玉文化的成熟，预见更古老时期玉器存在的可能；第四点，是以真玉即软玉为中心玉文化起源传播的模式重建。

总观闻氏以上在1989年所形成玉学思想，所涉及已从科学的玉器辨识延伸到玉文化起源及玉器社会考古学分析，这对于古玉考古学研究当然是很大的刺激和影响。考古学界如何面对地质学考古古玉的新形势而做出回应？

上述闻广《中国古玉的研究》论文在《建材地质》1990年第2期发表，由于专业不同，流通量少，所以较难受到考古学界的注意。而1989年3月，牟先生在《文物》所发表《良渚玉器三题》文章中，以"什么是玉？古人是怎样认识玉的？"作为破题，隐约透示出一种从考古学出发对玉器定义的探索味道。牟文章中引用闻广在1986年所发表《考古地质学》及苏南玉器研究成果，从现代矿物学软玉定义介绍，指出"我们的祖先显然不可能按现代标准去选择玉材"。

那么牟先生认为玉器定义又是怎么样的呢？"玉除了本身具有的自然属性之外，又加上社会属性的成分。""玉器的定义中，除了客观的物质自然属性之外，还可以加上特定的制作工艺。"总之，在1989年牟先生对玉器定义就建议从矿物、社会和工艺三者去斟酌。另外，牟先生等在1989～1990年完稿的一篇重要论文《中国史前艺术的瑰宝——新石器时代玉器巡礼》（载于《中国玉器全集1·原始社会》，1992年）中，已经注意到闻先生指出查海玉器为透闪石软玉的消息。但对中国玉器起源问题，牟先生等持有相反的意见。他指出："在我国史前玉器已知的时、空关系中，看不出由某一起源地区中心，向四周传播、扩散的迹象。"也就是说，1990年前后，有关中国玉器起源问题，存在闻先生东北一源论与牟先生多源论两者对峙的状态，前者是地质矿物学的背景，后者是考古学的背景。然而，最迟在2003年前后，牟先生承认河姆渡玉器很可能是受到东北兴隆洼文化的影响。这在牟先生2003年发表的《长江中下游史前玉玦》（《环日本海の玉文化の始源と展开》，日本敬和学园大学，2004年）中有充分反映。

1992年7月，闻氏在《文物》上发表《辨玉》一文，这篇文章注释中并未引用任何考古学者的文章，但明眼人很容易看出，这是对《良渚玉器三题》中有关玉器定义的商榷。

七、玉器定义的困难

20世纪80年代是中国古玉研究发展飞跃的时代，新石器时代玉器层出不穷，夏鼐在1983年曾论述玉器"从新石器时代一直到今天，它经过了四千多年的发展"。到1989年9月，地质学者闻广科学鉴定出查海八件玉器均为软玉。这一下把中国真玉文化推前到约八千年前。此外，此期间红山和良渚文化大量出土的玉器均被科学认定为软玉，提供了中国史前玉器研究最重要的资料。其中，考古学的发现和地质学的参与占据重要的角色。闻、牟两位先生不约而同地提出中国新石器时代中存在过"玉器时代"的意见。"玉器时代"的呼唤，对于以玉器为中华文明特征性的标志是十分重要的升华。对此，牟先生专文《试论玉器时代》，副题就是玉器为"中国文明时代产生的一个重要标志"，就良渚文化中成组玉礼器出现、玉器出现与社会分化等进行了深入精辟的论述。他提出"玉质石器"与"玉器"的概念，把玉器从精神生活中特化出来，与物质生产工具区分开来，是玉器时代立论的重要方向。

无可否认，近三十多年中国玉器研究呈现了过去数千年来所未有的新局面。考古、文博、地质等各方面合作是其中最重要的推动力。虽然目前对于一些问题，如玉器定义、玉器时代等的认识尚有歧异，相信通过更多田野工作和学科间合作，对这些问题的看法，可能有比较一致的看法。目前学界新动向一方面把新石器时代玉器的出现与旧石器时代晚期的象征主义起源挂钩，另一方面将中国玉器起源问题放置于欧亚大陆的范围去考虑。对早期玉器社会有了进一步了解，兴隆洼文化时期农业发达，软玉矿物已被古人精确辨别，配合高超砂绳切割和旋转开孔技术，中国东北距今8000年已出现玉器革命的变化。

谈玉器革命变化，首先有必要厘清玉器的定义。夏鼐先生1982年《有关安阳殷墟玉器的几个问题》的文章，内容却未有涉及殷墟的玉器，力主讨论"中国古玉的质料问题"。夏先生有关玉概念的说明，很值得作为我们讨论此问题的基础。

"'玉'在中国古代文献中是指一切温润而有光泽的美石。汉代许慎在《说文解字》（卷一）中给玉字下定义，便说是石之美者……未免过于抽象，不能作为科学的标准。今日矿物学上，玉是专指软玉（Nephrite）和硬玉（Jadeite），是二者的总称。玉字在今日中国有广、狭二义：广义的仍是泛指许多美石，包括汉白玉（细粒大理石）、玉髓（石髓）、密县玉（石英岩）、岫岩玉（蛇纹石，包括鲍文石）等；狭义的或比较严格的用法，也是专指软玉和硬玉。考古学中使用名词，应该要求科学性，所以我以为应采用矿物学的定名。"

这是迄今考古学界对玉定义奉为圭臬的解说。然而，把这个广、狭玉定义实际应用于中国以至东亚万年玉器文化历史分析上会遭遇自圆其说上的困难。夏氏主张在考古学上追求科学性，所以应采用矿物学的定名。闻广先生在古玉研究上，完全奉行以矿物学准则去分析古玉的性质。1992年闻氏《辨玉》文章，就没有直接提及夏鼐广狭玉义的意见。据闻氏的矿物学原则，玉只有真假，真玉又有软玉与硬玉之分。不是真玉的就是假玉，古代称之珉、碈。这样只有玉狭义观，固然在处理上比较明快利落。牟先生也认为："考古学发展到现在，对玉的一些属性的确立，应该以现代矿物学的鉴定为基础，离开这个基础，每个评价者的印象感觉很难作为大家讨论的共同基础。"这番话显然也是同意考古学玉器辨析应采用矿物学的定名。然而，据此讨论玉器社会属性即精神方面的问题，是否不论制作的是什么，只要是由真玉制成，就可以称之为玉器呢？这就是牟先生所提出，玉器社会属性与现代矿物学分类无法接轨的问题。闻广先生一直在矿物学立场论玉器，似乎对上述问题没有太多的讨论。他在1990年发表的阜新查海8件玉器全是真玉，其中7件（4件玦、1件管、2件匕）是透闪石软玉，1件玉凿是阳起石软玉。玉凿作为工具是否也可称为玉器呢？

2007年，笔者和刘国祥先生在《玉器起源探索》（香港中文大学中国考古艺术研究中心，2007年）中分析兴隆洼、兴隆沟遗址出土众多软玉锛、凿器的刃部，就发现有明显长期使用破裂痕和线状使用痕。如果是这样，查海的软玉凿，本身很可能是一件实际使用的木工工具。闻广上述论文中曾提及："考古发掘分出的石器中有时亦含有真玉，如内蒙赤峰敖汉大甸子夏家店下层文化墓地考古发掘出土的石器中，就曾检出真玉十多件，其他遗址也有类似情况。"1994年，闻广《用玉的等级制度》一文余论中谈道："下辽河的辽宁沈阳新禾（SX）遗址，及辽东的东沟后洼遗址（DH）下层，庄河北吴屯（ZB）下层及长海小珠山（CX）下层，均出有真玉，且多以工具为主。"这样看来，这些由真玉制作的具有石器形状和功能的锛、凿，又不作为玉器去考虑。牟永抗先生对此也曾发表过类似的意见。他说："所以我们将器身布有麻点状锤击痕迹的大连郭家村遗址的玉质斧、锛和沈阳新乐遗址采用压片法成型的玉质凿等标本，称为玉质石器。"这方面意见与闻先生的有点不谋而合。然而，这与上述玉器以矿物学为基础原则是否有违背？究竟由真玉所制作的遗物是否该称为玉器的问题，我们参考一下国外的例子来考虑，似乎这个问题相当复杂。

首先，从俄罗斯西伯利亚方面来说，新石器时代较早阶段出土大量软玉质石锛、刀类的工具，这些器物是否都可以作为玉器？日本方面，绳纹时代中期开始，在新潟县糸鱼川市周围，就发现了多处制作翡翠硬玉饰物的房子作坊。笔者有幸于2004年后多次实地考察，所见如长者ケ原、寺地遗址玉作坊中，房址内出土大量翡翠原石，不少翡翠河砾石被作为敲打工具，用于制作玉珠。这样，大量硬玉锤当然没有分类在玉器的名下。另外一个与中国距离较远的例子，北美洲加拿大英属哥伦比亚的弗雷泽河（Fraser River）流域，距今3000多年这里曾广泛使用软玉作为制作工具的原料，主要是用作加工木材的工具。John Darwent通过深入调查，发现大型如超过20厘米的玉锛一般在墓葬中才有所发现，更可能是一种身份与财富的象征，富裕家庭才有足够余力制作这些非实用性大型玉器。弗雷泽史前聚落大部分由软玉制作的工具，并不能作为玉器分类。

以上俄罗斯西伯利亚、日本系鱼川流域、加拿大弗雷泽河一带史前时期分别存在有软玉和硬玉的生活工具，这些工具大部分欠缺当时人群社会赋予的特殊精神方面的属性，学者们一般都没有把之分类为玉器之列。

以上的讨论，目的并不是否定夏鼐所主张考古学上玉器应以矿物学作为基准，更没有忽视闻广对史前软玉及多种古玉矿物的区分。然而，从逻辑上讲，玉料并不成为鉴定玉器的充分条件。"玉是人们社会意念的物化，因此它的社会属性将远超过其矿物学的自然属性加以测定或分类。"牟先生词锋犀利，显得入木三分。那么如何确定矿物学、社会学和工艺学三方因素成为玉器必要条件，具体上又如何进行鉴定，也是知易行难。玉器鉴定的三方面因素，包括：

第一个矿物学因素，以上已讨论。

第二个社会学因素，其实就是物质所代表的象征意义。首先如兴隆洼文化中出土不少软玉制锛之类器物，当然也有大量石锛。这些玉锛上大多有明显长期用作木工的使用痕迹。这样，我们是否有足够条件，认为这些就只是一些普遍的生产工具，并不具备特殊的象征性意义呢？这肯定是难以遽下结论的。原因之一是兴隆洼文化时连大型聚落中的玉料也是极其稀少，兴隆洼遗址发掘面积达3万平方米，出土玉器重量一共仅有三百多克。另一方面，这种玉锛在使用过程中，常被半份分割作为赠予的重器。这就说明至少兴隆洼文化中的玉锛，也可能同样具有玉器的角色，也属于玉器的范畴。此外，三代玉质的圭、璋、戈等，明显就是具有象征性意义的东西，这些玉器是否就不具备实际上使用的功能呢？同样，如山东日照两城镇采集的"兽面纹玉圭"是大家熟悉的精美极致的玉礼器。笔者据实物所见，此圭刃部有十分发达的使用痕，肯定具有铲的功能无疑。我们能否因为这件"兽面纹玉圭"刃部有明显的工具使用痕，就不把它放在玉器的范畴？

第三个因素是工艺学，牟先生把"琢"作为玉器的特定技术，就是使用解玉砂的间接研磨技术。按"玉不琢，不成器"，玉料不经过加工就不能称为玉器，这是最简单的道理。但经过什么样的加工技术，才可作为玉器鉴定的条件，就十分复杂。简单来说，至少我们目前未见有打制完成的玉器。一般早期的玉器都是磨制且常具有系孔。然而，我们不能否定、磨制玉器制作过程中可能使用过打制技术。无论如何，玉器必定需要人工的加工，这个必要条件是可以成立的。

总之，玉器三个必要条件中，矿物学软玉、硬玉是首先的，但不是唯一的。第二、三个条件，在其他物质上如木、石、骨角或各种有机物如贝类等，都具互通的技术基础。所以也不能说史前玉器社会属性特征远远超过其矿物学属性，因为没有矿物学的基础，玉器无以成立。这又可见玉料本身对玉文化成立来说是不可缺少的因素。

　　以上有关玉器确定三方面因素的讨论，显示出问题的复杂性。如何确定玉器的定义问题，今后可能有必要具体从玉器出现的时间和空间历史发展过程中去探索。有关玉器确定，首先我希望借用闻氏"古玉"概念，用以涵盖一些古人曾使用的矿物，其中连同软玉和硬玉，还有如煤精、石英、绿松石、叶蜡石等二十多种矿物。目前，我们对三万多年前东亚地区出现象征性意义的矿物制作人体装饰物认识不足，对两万多年前软玉饰物出现的资料掌握得太少，对距今一万年前后软玉饰物普遍在东北亚东北的存在尚未综合整理。目前我国仅按照距今八千年兴隆洼文化及红山、良渚等文化的发现，但这些阶段玉器已进入非常成熟的形态，难以作为有数以万年以上玉器历史的根据，也就无从为玉器定义作出一个周全的考虑。

　　总之，夏鼐、闻广和牟永抗三位先生对玉器定义，已作出初步整理与界定，今后有待努力继承和发展。20世纪80年代以来，学者们黄金时代玉器研究的轨迹很值得我珍惜学习。近年闻广和牟永抗先生先后去世，这是我国玉学研究巨大的损失。我虽然有心要全面探索牟永抗先生于中国玉学的贡献，但施行起来有心无力。玉器已成为中国核心文化重要部分，玉器所蕴含的精神象征对中国文化长期起着导向作用，因而玉器作为探索我国传统文化核心的基础，很值得深入分析研究。谨以拙文纪念牟永抗先生，感谢先生二十多年来如一日的眷顾和教育之恩，长铭五中。

　　附记：本文原载于中国社会科学院考古研究所中国考古网（http://www.kaogu.cn/cn/kaoguyuandi/kaogusuibi/2017/0215/57126.html，2017年2月15日），收入本书略有改动。

红山文化玉器线切割、钻孔技术实验报告

席永杰　　张国强
赤峰学院

对于红山文化玉器制作工艺的研究，多年来一直是一个热门话题，但多停留在理论研究阶段。关于玉器线切割技术，香港中文大学邓聪教授曾做过实验，但没有发表正式的实验报告；关于玉器钻孔技术，目前为止还没有见到过正式报告。我们对玉器线切割技术和钻孔技术进行初步实验，以期探讨红山文化玉器制作的工艺，从而揭开红山文化玉器制作的神秘面纱。

一、玉器线切割实验

1.实验材料

玉料：经过内蒙古地质矿产勘察院高级工程师王子祥鉴定为岫岩软玉（钙镁硅酸盐），长23.5、厚2厘米，重527.4克，硬度为6.3度（摩氏）（图一）。

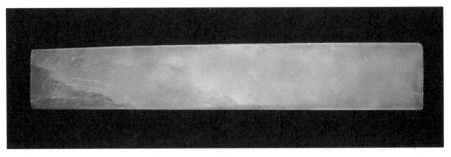

图一　玉　料

切割用绳：在市场上购买的普通麻绳，经水浸泡后备用。
解玉砂：含石英、长石的河砂，未经过筛选，加水后使用。

2.实验方法

玉料竖立，固定在实验台上，将麻绳放到玉料表面，加解玉砂后用力拉麻绳。

切割时间：2008年5月11日上午8时55分开始，10时15分结束。除去测量、拍摄时间，实际切割时间为1小时，在此期间参加实验的工作人员轮流交替工作。

线切割数据：切割5分钟时玉料表面的深度为2毫米，15分钟为3毫米，30分钟为7毫米。42分钟切割痕迹口宽3毫米，内深7.28毫米，外深为14毫米（图二）。切割1小时切割痕迹为口宽3毫米，内深20.4毫米，外深为25.6毫米，切面呈弧线波浪形。

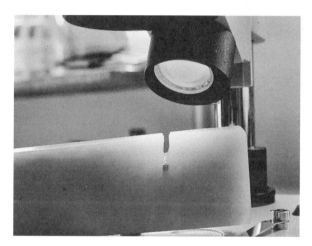

图二　42分钟切割状态

玉器切割技术，是我国新石器时代古代人类的一项重大发明。玉，石之美者，而对于坚硬的玉石，在金属工具诞生之前，古代人类是如何制作的，它的制作工艺如何，一直是研究、鉴赏红山古玉的一个课题，实验证明线切割技术是项成熟的玉器工艺制作技术，通过砂绳解玉，切割缺口，其缺口切面呈现的是弧线波浪状（而用现代金属工具加工的玉器，切面则不见波浪状态）。与古人制作玉器玦口形态完全吻合（图三）。

二、红山文化玉器线切割技术的意义

玉器在古代社会中既是精神财富也是物质财富，玉所特有的美丽光泽和温润内质使它成为一种超自然物品被赋予人文之美，古人对玉倾注了大量的才智和热情。古玉那奇异而抽象的造型和纹饰、那鬼斧神工的雕技令今人叹为观止[1]。因此，研究红山玉器的制作方法，对研究中国文明史和古代用玉制度有着重大的历史意义。

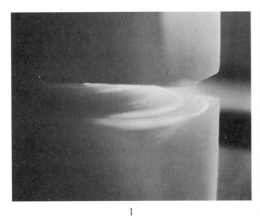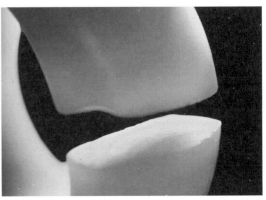

图三　玉器玦口形态对比

1.本次实验结果（从外向内切割）　2.兴隆洼文化玉玦（从内向外切割）

对玉器缺口的切割，分片切割和线切割。我们的实验主要是线切割。它对于我们解析8000年前古代人类制作精美玉器的工具和技术有了一定的认识和了解。依目前所掌握资料，线切割技术，最早起源于中国辽河流域，向南影响到环太湖流域的良渚文化，进而传播影响到整个东北亚，如俄罗斯、日本列岛，及东南亚及其沿海地区[2]。线切割玉器技术是西辽河流域的古代先民对中国文明的一大贡献，它在中国玉器发展史上占有重要地位。

三、玉器钻孔实验

1.实验材料

玉料：经过内蒙古地质矿产勘察院高级工程师王子祥鉴定为岫岩软玉（钙镁硅酸盐），长23.5、厚2厘米，重527.4克，硬度为6.3度（摩氏）。

解玉砂：含石英、长石的河砂，未经过筛选，加水后使用。

[1] 古方：《冰清玉洁》，四川人民出版社，2004年。

[2] 中国社会科学院考古研究所、香港中文大学中国考古艺术研究中心：《玉器起源探索》，香港中文大学中国考古艺术研究中心，2007年。

钻孔工具：自制的民间木工使用的弓式手动钻（俗称"扑拉钻"），由钻杆、拉动杆和牛皮条构成（图四）。钻杆由木棒制作，大圆柱形和小圆柱形组合而成，下部安钻头。钻头为空心竹管。拉动杆为长条状竹片。牛皮条为在农贸市场上购买，将拉动杆和钻杆连接在一起。

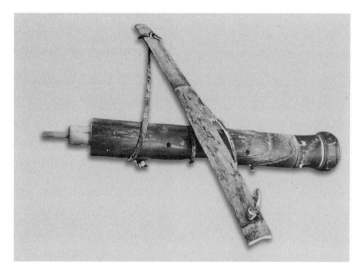

图四　弓式手动钻

弓式手动钻的使用方法：操作时，操作者一手放在钻杆的上部，使手动钻的钻头稳定地固定在已选定的钻孔的位置上，另一手握住拉动杆前后拉动，带动钻头开始工作。

2.实验方法

将玉料固定在操作台上，确定钻孔点，将掺水的解玉砂放到已确定的钻孔点上，手动钻钻头放到钻孔点处的解玉砂上，接着操作手动钻开始钻孔。

本次钻孔实验所用时间共计280分钟。从玉料两侧对钻，一侧用时105分钟，另一侧用时175分钟，在此期间参加实验的工作人员轮流工作（以下所记数据资料为一侧数据，时间175分钟）。

钻孔实验进行40分钟时，孔的深度为3.28毫米，直径为8.35毫米（图五）；实验进行60分钟时，孔深为5.94毫米；进行80分钟时，孔深为8毫米；进行170分钟时，孔即将被钻透，可见残留的玉芯将马上脱落（图六）；进行175分钟时对钻孔完全钻通，孔深为20毫米。孔壁螺旋纹十分明显，与红山文化玉器孔壁螺旋纹基本相同（图七）。

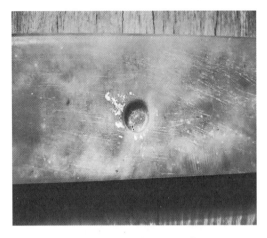
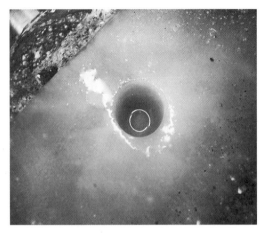

图五　40分钟钻孔状态　　　　　　　　　图六　170分钟钻孔状态

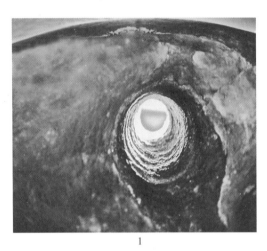
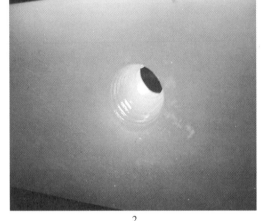

1　　　　　　　　　　　　　　　2

图七　孔壁螺旋纹对比

1.古代红山玉器孔壁螺旋纹　2.实验玉器孔壁螺旋纹

四、红山文化玉器钻孔技术的实验意义

1.早期玉器钻孔技术是玉石器制作工艺研究中的热门课题

依据目前我们掌握的资料，世界上古代西亚、埃及和希腊的克里特岛在距今5500~4000年间已有了成熟的管钻技术[1]，他们用此技术制成了精美的玉石工艺品。

---

[1]　孙周勇：《早期钻孔技术跨文化比较之一》，《中国文物报》2007年9月28日。

那么，在西辽河流域，在东北亚占有核心地位的红山文化区，古代人们是用何种技术来制作精美的玉器呢？它的管钻技术成熟到何种程度？使用的工具又是什么？我们希望通过实验考古的方法来复原早期钻孔技术，特别探索管钻工艺及材料。这是我们的实验的目的之所在。

2.西辽河流域有近万年用玉制玉的历史

就玉料采集而言，必须有丰富的实践经验。玉属于稀有矿产，8000年前兴隆洼文化居民在没有先进设备情况下，却能准确地辨别出真玉，足见当时的人们在鉴别各种石材质地、性能等方面已有了丰富的积累。由于软玉在天然矿产中，有着仅次于黑金刚石的高韧度，所以加工玉器的前提条件是具备以解玉砂为介质的碾琢工艺，而这种工艺的掌握和运用则涉及一系列复杂的工艺程序。可以说玉器的生产与当时社会的生产、科技水平及社会总体发展状况密切相关。可以说，古代玉器的产生，具有里程碑的意义。因此研究古代制玉工艺，就是破解古代生产工具、生产力发展水平的一把钥匙。

3.西辽河地区是我国古代玉器制作的原生产地之一

杨伯达先生提出西辽河地区制玉历史逾万年[1]，是世界上最早使用玉器、制作玉器的地区，至红山文化时期达到了制玉用玉的高峰。红山文化玉器向我们展示了当时玉器的辉煌和文明初始时代制玉工业的成熟与生产力发展水平的进步。事实上，制玉业是社会生产力综合发展水平的最典型体现，而钻孔技术在制玉过程中是难度最大的。我们的实验结果恰好证实了当时工艺的先进性和复杂性。它向人们充分证明了当时管钻技术的成熟。事实证明，有完整的线切割术和钻孔术，制作一件红山玉器所耗时间并不多。

4.生产工具的进步

多年来对红山文化乃至中国古代文明的研究，取得了丰厚的成果。但是，在以往历史学、考古学的研究中，专家学者们把更多的精力和研究都集中在讨论生产力、社会组织形态、宗教等诸多重大的理论问题上，对古代科技水平及其应用方面的研究属于薄弱环节。因此，加强对中国古代科学技术发展及其技能的研究是目前历史学界、考古学界及相关学科亟须解决和重视的问题，国外特别是欧美在这些研究方面上已经走到了前面，他们的一些理论和方法非常值得我们借鉴，我们对古代工艺水平研究之目的就是填补这方面研究的空白。从兴隆洼文化到红山文化晚期，

[1] 杨伯达等：《古玉今韵》，中国文史出版社，2008年。

西辽河地区用玉传统已达三千多年，社会生产力有了很大的进步和发展，特别是红山文化时期，农业经济已在社会生活中占主导地位。复杂的社会结构已经产生了初形国家——古国。正是从这时期起，玉已被赋予社会意义，被人格化了。制玉成为特殊的生产部门，石制工具的专业化，制陶技术明显改进，彩陶开始出现等等，都说明社会大分工已经形成，社会大分化已经开始[1]。从目前所掌握的红山文化出土的玉器资料看，在其方圆20万平方公里的地域内，所使用玉器的制作标准具有一致性，说明制玉技术职业的出现。专业的制玉职业，必有专业的生产工具。管钻技术的实验证明了红山文化时期，制玉的工匠队伍已有了较先进的制玉工具和较发达的制玉技术，而生产工具的进步代表了当时生产力发展水平和社会的进步。

总之，通过上述实验研究，对于我们了解当时的制玉工艺、生产力水平、社会分工乃至文明的起源等方面都将起到重要的作用。

附记：本文原载于《北方文物》2009年第1期，收入本书略有改动。

---

[1] 苏秉琦：《华人·龙的传人·中国人——考古寻根记》，辽宁大学出版社，1994年。

红山文化勾云形玉器造型再探讨

马海玉

赤峰学院

　　动物造型玉器是红山文化最具标识性的特征之一，其中玉鸟更是红山文化动物造型玉器中数量最多、规格最高、种类最丰富的一类。可以说，红山文化是典型的鸟文化，或者说红山文化是以鸟为最重要图腾的史前文化。对于勾云形玉器的造型，虽然一直以来学界众说纷纭，莫衷一是，但学者们大多认为勾云形玉器是鸟兽造型，或者说是某种动物的抽象化载体。本文通过比较研究，解析勾云形玉器造型特征，并尝试将考古发现与文献资料结合，深入探讨红山古国与五帝时代早期黄帝、少皞部落的关系。

一、勾云形玉器类型

　　学界关于勾云形玉器类型划分的意见基本一致，即根据器形特点，勾云形玉器可分为两型：一型是双勾云形玉器，一型是单勾云形玉器。

　　A型　双勾云形玉器。完整器标本4件均为牛河梁遗址出土[1]。N2Z1M22：2，器体呈长条片状，上缘部居中对钻一小孔，顶缘正中钻孔上方有内凹。器身长14.2、宽4.6、厚0.45厘米（图一：1）。N2Z1M27：2，器体呈长方形，器体长边一侧居中有一圆孔。长28.6、宽9.8、最厚0.5厘米（图一：2）。N16M15：3，器体平面呈圆角长方形板状，器体长边边缘居中钻一圆孔。长16.4、宽5.65、厚0.55厘米（图一：3）。简化型标本2件，均出自牛河梁遗址，长方形，一侧长边为平直的弧线，另一侧两端可见向内弯曲的勾角，两个勾角中间是三个小凸起。主体中部可见一个或三个钻孔。N2Z1M9：2，器体呈扁平条状，器体中部对穿双孔，上部对穿单

---

［1］　辽宁省文物考古研究所：《牛河梁——红山文化遗址发掘报告（1983~2003年度）》，文物出版社，2012年。

孔。长 6.2、最宽 2.4、厚 0.4 厘米（图一：4）。另有 4 件为双勾云形玉器勾角残件，也均出自牛河梁遗址。N16M13：1-1，原为双勾云形玉器左侧下部勾角残件，在玉件右上部近残断处见一钻孔，两面对钻而成，此孔为勾角从原器断裂脱落后二次钻成。高 4、残长 3.7、厚 0.55 厘米（图一：5）。N16M13：1-2，原为双勾云形玉器右侧下部勾角残件。整体呈淡绿色，在玉件左上部近残断处见一钻孔，两面对钻而成，此孔为勾角从原器断裂脱落后二次钻成。高 3.95、残长 3.4、厚 0.5 厘米（图一：6）。N16Z1①：55，原为双勾云形玉器左侧下部勾角残件，在玉件右上部近残断处见一钻孔，两面对钻而成，用于穿系佩挂，此孔为勾角从原器断裂脱落后二次钻成。断裂面上也见有二次修整的磨痕。高 2.25、残长 2.35、厚 0.35 厘米（图一：7）。N2Z4L：23，原为双勾云形玉器的一角，近顶边保存一个对钻孔。残长 1.9、高 2.1 厘米（图一：8）。

B 型　单勾云形玉器。完整器标本 8 件，其中 6 件为牛河梁遗址出土。N2Z1M21：3，长边近缘处斜钻一小孔。长 8.8、宽 4.3、孔径 1.2、厚 0.5 厘米（图一：9）。N2Z1M24：3，长边一侧居中近边缘处对钻双孔，另一侧偏卷勾处单钻双孔。短边两侧居中均单钻双孔。长 17.9、宽 10.8、厚 0.8 厘米（图一：10）。牛河梁遗址采集 1 件，器体呈长方板状，背面只从长边一侧到中心卷勾有一条中间宽两端尖的阴刻纹。长 22.2、宽 11、厚 0.7 厘米（图一：11）。N5Z1M1：4，背面有 4 个对钻的隧孔，依器体的竖直方向两两相对。隧孔的钻孔方向为竖钻、横钻各 2 个。长 20.9、宽 12.4、厚 0.9 厘米（图一：12）。N2Z1M14：1，器体平面呈长方形，板状，近长边一侧正中对钻或单钻 3 个圆孔，另一长边一侧近边缘处对钻 3 个圆孔。长 15.8、宽 6.9、厚 0.6 厘米（图一：13）。N16-79M2：1，器体平面呈长方形，背面分布有四组竖向斜穿隧孔，为方便钻孔，在钻孔部位先制作二至三道横向减地沟槽。长 22.5、宽 11.4、厚 1 厘米（图一：14）。那斯台遗址出土 1 件，器体平面呈长方形，器体正面均按饰件的造型和纹饰琢磨出了凹凸分明的装饰线。长 18.2、宽 11 厘米（图一：15）[1]。胡头沟 M1 出土 1 件，器体平面呈长方形，上缘有双孔。残长 7.9、宽 4.8、厚 0.6 厘米（图一：16）[2]。

---

[1]　巴林右旗博物馆：《内蒙古巴林右旗那斯台遗址调查》，《考古》1987 年第 6 期。

[2]　方殿春、刘葆华：《辽宁阜新县胡头沟红山文化玉器墓的发现》，《文物》1984 年第 6 期。

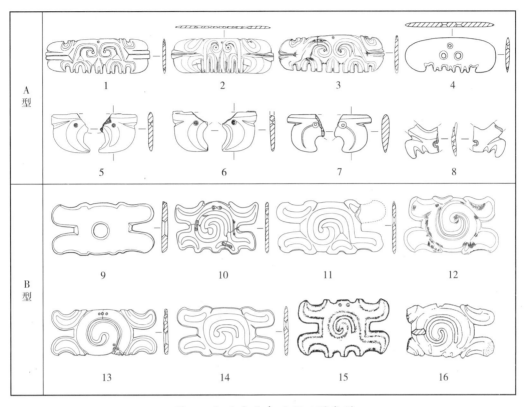

图一　红山文化勾云形玉器类型

1. 牛河梁 N2Z1M22：2　2. 牛河梁 N2Z1M27：2　3. 牛河梁 N16M15：3　4. 牛河梁 N2Z1M9：2

5. 牛河梁 N16M13：1-1　6. 牛河梁 N16M13：1-2　7. 牛河梁 N16Z1①：55　8. 牛河梁 N2Z4L：23

9. 牛河梁 N2Z1M21：3　10. 牛河梁 N2Z1M24：3　11. 牛河梁采集　12. 牛河梁 N5Z1M1：4

13. 牛河梁 N2Z1M14：1　14. 牛河梁 N16-79M2：1　15. 那斯台遗址出土　16. 胡头沟 M1 出土

二、勾云形玉器造型再探讨

　　一直以来，为了解开勾云形玉器造型之谜，学者们绞尽脑汁、反复论证。1991年，陆思贤提出勾云形玉佩中央的弯钩是模拟身体卷曲的龙，而四角则是模仿蛙、龟的蹼足或鸟类的勾喙[1]。王惠德则认为单勾云形玉佩与C形龙和猪龙一样，是龙的表现形式之一[2]。邓淑苹认为单勾云形玉佩不是龙的抽象，而是凤的抽象；双勾

———————————

[1]　陆思贤：《"勾云形玉佩"的形状结构及寓意的思想内容》，《内蒙古东部区考古学文化研究文集》，海洋出版社，1991年。

[2]　王惠德：《龙为农神说》，《昭乌达蒙族师专学报（汉文哲学社会科学版）》1991年第2期。

云形玉佩则是两件单勾云形玉佩的结合形式[1]。尤仁德将带齿兽面形玉佩以齿牙在上的角度来观察，认为它是双鸟相背、左右对称的造型[2]。1995年，尤仁德在其论文中指出"勾云形佩大致走过随形型、完整型和简化型历程"，即从带齿兽面形玉佩向典型的勾云形玉佩发展，再简化成局部的弯钩形——玉钩形器[3]。杨美莉认为勾云卷角是红山文化的一种具有地域性特征的精神符号，它不仅体现于勾云形器上，还可见于彩陶纹饰上，勾云卷角造型的原始灵感，可能来自于对强劲有力的鹰类之喙、爪的模仿[4]。李缙云认为带齿兽面形玉佩可能是抽象化的饕餮纹，而典型的勾云形玉佩可能是带齿兽面形玉佩的进一步抽象化，不仅应思考勾云形玉器的创型理念，而且要进一步探讨它们之间的演化关系[5]。1995年5月，吴棠海在北京大学考古学系讲授古玉鉴定课时，将双勾云形玉佩称作"兽形佩"，认为它中央主体部分是一个正视的兽面，两侧上角则各为一个侧视的龙首；单勾云形器应是兽面玉饰朝向简单、抽象、几何形发展的演变结果[6]。刘淑娟认为单勾云形玉佩和双勾云形玉佩是平面、原始状态的饕餮纹，单勾云形玉佩是双勾云形玉佩的简化与抽象形式[7]。1997年，廖泱修撰文，认为勾云形器的原型是玉凤，勾云形玉器是从原始型玉凤（典型的勾云形玉佩）逐渐演变成次生型（带齿兽面形玉佩）和衰弱型（简化的带齿兽面形玉佩）[8]。刘国祥提出勾云形器是为适应宗教典礼的特殊需要而专门制作的，其勾角和小凸齿是对鹿角和猪獠牙等实物形态的艺术化再现[9]。饶宗颐认为勾云形玉佩是古人对云气升天形状的模仿[10]。柏岳认为不应将带齿兽面形玉佩与其他勾云形玉器笼统地归为一类，带齿者的原型是鸟，应称为鸟形玉佩；而通常所称的勾云形玉佩，是抽象化的龙，意即两者之间并无承袭演变关系[11]。

———————

[1] 邓淑苹：《龙兮？凤兮？——由两件新公布的红山玉器谈起》，（台北）《故宫文物月刊》第114期，1992年。

[2] 尤仁德：《两件史前玉器研究》，（台北）《故宫文物月刊》第114期，1992年。

[3] 尤仁德：《勾云形佩及相关器物探研》，（台北）《故宫文物月刊》第143期，1995年。

[4] 杨美莉：《卷云山俛翠石磷磷：新石器时代北方系环形玉器系列之一——勾云形器》，（台北）《故宫文物月刊》第126期，1993年。

[5] 李缙云：《谈红山文化饕餮纹玉佩饰》，《中国文物报》1993年4月25日。

[6] 吴棠海：《古玉鉴定》第三册讲义，1995年。

[7] 刘淑娟：《红山文化玉器类型探究》，《辽海文物学刊》1995年第1期。

[8] 廖泱修：《中国最早的玉凤——试论红山文化"勾云形玉佩"之正名与演变（2）》，《中国文物世界》第139期，1997年。

[9] 刘国祥：《红山文化勾云形玉器研究》，《考古》1998年第5期。

[10] 饶宗颐：《中国玉文化研究的二三题》，《东亚玉器》第一册讲义，1998年。

[11] 柏岳：《对勾云形玉佩为"玉眼"说的商榷——兼谈红山文化玉器的命名问题》，《中国文物报》2001年8月15日。

虽然学者们关于勾云形玉器的造型莫衷一是，但是绝大多数学者在两个方面的认识上基本达成一致：一是基本认同这两类玉器是鸟兽造型；二是基本认同勾云形玉器经历了由繁到简的变化过程。笔者认为，无论是造型特点还是器物比较研究，无论是自然环境还是文化传统研究，都表明这两类勾云形玉器的造型最有可能是鸟。

1.双勾云形玉器是立式鸟的抽象化造型

从造型特点上看，双勾云形玉器有更多的形制特点和鸟类相近，而与兽类无缘。双勾云形佩根据齿突的数量分写实型佩和简化型佩。写实型佩标本3件，器体近似长方形，片状，左、右分别镂空，各作一个勾云状卷角，外围均琢磨出相应走向的浅凹槽纹络。两侧各置一对背向弯曲的勾角，每对勾角间均伸出两个小凸。主体部分上侧边缘两端各伸出一个小凸，下侧边缘一般有五个小凸。器体中部有两个圆形钻孔，靠近上侧边缘中部有一个圆形钻孔。双勾云形玉器上面一对向外翻卷的角和玉鹰的双耳对应，下面一对向内弯曲带有瓦沟纹的宽尖角应是鹰隼站立时的羽翼。尤其重要的是，双勾云形玉器下面带有瓦沟纹的五个齿突，每个齿突均在最下方有一个凹槽，这和鹰（特别是猫头鹰）的喙、爪高度吻合。根据瓦沟纹走向分析，中间的齿突明显单独成组，具有独立性，应代表鹰喙；左右两侧各有两个齿突，左侧的两个和右侧的两个分别成组。仔细观察发现，无论是左边的两个齿突还是右边的两个齿突，都由一条向上弧起的瓦沟纹由外向内将两个齿突连在一起，似是鹰爪握住树枝的姿态（经反复观察，猫头鹰爪有四趾，握住树枝时一般前面三个后面一个或前面两个后面两个）。至于凹陷的圆眼，则更形象地体现了猫头鹰的眼部特征。综合比较双勾云形玉器和猫头鹰的造型特点，二者共性特征极其吻合。相比之下，双勾云形玉器和猛兽类动物有很多特征对应不上。例如，双勾云形玉器五个齿突和两侧的尖角乍一看像是虎豹类猛兽的牙齿，但仔细观察发现，尖角上面均有三道纵向瓦沟纹，更像是鸟类下垂的羽翼。此外，虎豹类的门齿为六颗，是偶数而不是奇数。红山文化时期居民长期和动物打交道，对自己崇拜的动物特征应该熟悉，制作玉器时不可能反复出现这种错误。根据上述分析，我们判断双勾云形玉器最有可能是鸟（尤其是猫头鹰）的造型。

通过器物比较分析发现，在牛河梁遗址，出土的双勾云形玉器有具象化鸟形的源头。玉鸟是红山文化最具标识性的器物之一，也是造型最为复杂的器物。玉鸟既有具体化的，也有抽象化的；既有卧式的，也有立式的；既有整身造型的，也有面部造型的。其中具象化立式玉鸟应是双勾云形玉器的祖源，而具象化双首鸮面应是单勾云形玉器的祖源。那斯台遗址出土3件立式玉鸟，均呈展翅登枝状（图二：1~3）。胡头沟M1出土3件立式玉鸟，也呈展翅登枝状（图二：4~6）。东山嘴遗址出土1件立式玉鸟（TC6②：1），也呈展翅登枝状，为绿松石质（图二：7）[1]。牛河梁遗址出土2件立式玉鸟，N16-79M2：9整体呈登枝状（图二：8）。从整体轮廓上看，立式玉鸟突出表现头部的双眼和喙、两侧张开的双翅、腹部的双爪及尾部的尾翼。双勾云形玉器抽象化地表现了这种一一对应关系，是立式玉鸟造型的发展。一是整体形制相同。双勾云形玉器几乎全部是长方形，立式玉鸟双翅展开作登枝状时整体也略呈长方形。二是局部特征一致。双勾云形玉器上部环形圆眼和对称的双耳、下部五个对称的齿突及两侧收拢呈尖状的羽毛都与立式玉鸟有极大的可比性。

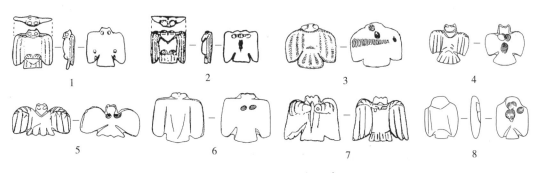

图二　红山文化立式玉鸟

1~3.那斯台遗址出土　4~6.胡头沟M1出土　7.东山嘴遗址出土　8.牛河梁遗址出土

2.单勾云形玉器是卧式鸟的抽象化造型

牛河梁遗址群出土有明确位置关系的单勾云形玉器共5件，其中2件分别与玉龟、鳖有着某种特定的组合关系。第一组出土于N5Z1M1。单勾云形玉器出土于墓主胸部，四角作向外卷勾状，勾尖均不显，在中心盘卷的卷勾端部与器体相交处尚保留有制作镂孔时的圆孔状，正面磨出与卷勾走向相应的瓦沟纹。与该勾云形玉器共出的2件玉鳖分别出于左、右手部位。胸部平放勾云形玉器、手握双鳖是本组玉器组合最大的特点。第二组出土于N2Z1M21。一件玉鸟面牌饰出在墓主的胸腹部，陈放平正。两面都雕出鸟首形象。双耳竖起，耳端起尖。钻孔表现圆目及鼻孔，以阴线刻出耳根端、眉际、额间皱褶以及鼻、嘴部轮廓线。尤其是吻部显宽大，嘴角下咧，似是鸭嘴兽。与鸟面牌饰共出的勾云形玉器陈放于左肩上部，其下叠压1件玉璧。该器物中心无卷勾，只对钻一圆孔，但在长边多一齿状突以显示为卷勾的末端。四角卷勾略显。N2Z1M21：10龟壳出于左胸部，腹面朝上。特别值得注意的是，胸部平放的是具象化的鸟面牌饰，勾云形玉器中心则无卷勾，这似乎暗示二者组合等同于单勾云形玉器。也就是

[1]　郭大顺、张克举：《辽宁省喀左县东山嘴红山文化建筑群址发掘简报》，《文物》1984年第11期。

说，鸟形牌饰特别具体地呈现了鸟的特征，单勾云形玉器中间的卷勾则不必呈现出来，只是在四个角表现出向外弯卷的卷勾，体现出四方即可。如是，本组玉器组合特点也可视为胸部平放单勾云形玉器、龟。N16-79M2共发现玉器9件，头部随葬单勾云形玉器1件（79M2：1），斜置，正面朝上；右脚外侧发现1件立式玉鸟。除了上述三组与鸟、龟、鳖组合的案例外，还有单独出土于墓主胸腹部的。如N2Z1M24：3单勾云形玉器出土于墓主胸腹部盆骨上。

为什么说单勾云形玉器的造型特征更加明显呢？我们可从两个方面分析。一是单勾云形玉器四个角的卷勾是相对独立的。以79M2：1为例，左右两侧各外伸一对勾角，弯勾不明显。从正面观察，在四个勾角琢磨出的瓦沟纹与中部瓦沟纹是分离的；而中部瓦沟纹作逆时针旋转，末端形成尖角，似鸟喙。二是单勾云形玉器中心卷起的部分和卧式鸟造型有对应关系。N16M4：1玉凤横置在头骨下，出土时正面朝上。凤呈卧姿，回首，弯颈，高冠，圆睛，喙扁且长，前端勾曲，与羽翅相接，头部回首与身体所形成的弯曲形态和N2Z1M24：3、N2Z1M14：1、N5Z1M1：4、N16-79M2：1单勾云形玉器中部卷勾有对应关系。因此，抛开四个角的卷勾来看，勾云形玉鸟的造型特点更加明显。

在牛河梁遗址，我们能找到单勾云形玉器具象化的源头。红山文化出土的双首造型玉器为我们追寻单勾云形玉器祖型提供了思路，特别是N2Z1M26中心大墓出土双首鸮为我们寻找单勾云形玉器祖型提供了答案。双首鸮（N2Z1M26：2）整体造型为两个鸮首相对，每个鸮首的双耳立起，整体形成向外延伸的四个角，两个尖利的喙相对，形成的轮廓似是张开的口，既狞厉又神秘（图三：1）。而向外卷起的四个角造型正是单勾云形玉器最典型的特征，单勾云形玉器中心弯勾的尖部恰似锋利的鸟喙。如果说N2Z1M26出土的双首鸮是具象化鸟的造型，那么单勾云形玉器就很可能是抽象化鸟的造型，N2Z1M26出土的双首鸮或许就是单勾云形玉器的祖源。

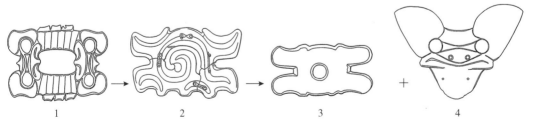

图三　红山文化单勾云形玉器的多样化发展演变关系

1. N2Z1M26：2　2. N2Z1M24：3　3. N2Z1M21：3　4. N2Z1M21：14

红山古国属于东北文化区，有鸟崇拜的文化传统。通过对考古发掘材料的分析，勾云形玉器经历了由具象化到抽象化、由繁到简、由多样到统一的演变过程。牛河梁第二地点一号冢、第五地点和第十六地点的考古发现表明，具象化的玉凤应该早于抽象化的玉凤，有几组对应关系可证：一是 N2Z1M26 中心大墓出土双首鸮，而位于中心大墓 M26 南侧的 M22 和中心大墓 M25 南侧的 M27 均出土双勾云形玉器；位于中心大墓 M26 南侧的 M24 和中心大墓 M25 南侧的 M21 均出土单勾云形玉器。就早晚关系来看，牛河梁第二地点一、二号冢内中心大墓营建的时间要早于南侧集中埋葬的中小型墓葬，这表明具象型玉凤要早于勾云形玉器。根据上述层位关系和叠压打破关系我们推断：具象化的 N2Z1M26：2 双首鸮要早于抽象化的单勾云形玉器 N2Z1M24：3 和 N2Z1M21：3，三者应该经历了由繁到简、由双喙到单喙再到无喙的演变过程（图三）。二是出土单勾云形玉器的 N2Z1M24 叠压在出土龙凤佩的 N2Z1M23 之上，这也表明具象化玉凤早于抽象化玉凤。三是中心大墓 N2Z1M25 南侧的小型墓葬中，靠近南墙埋葬时间较早的 M27 内出土了双勾云形玉器，而 M27 南侧埋葬时间较晚的 M21 和 M14 均出土了单勾云形玉器。南侧的中小型墓葬中，叠压在下面的墓葬形制规整，有具象化玉鹰出土；相比之下叠压在上面的墓葬建造粗糙，没有写实性玉鹰出土。因此，存在玉鹰由具象化向抽象化演变的可能。这也表明双勾云形玉器在时间上有早于单勾云形玉器的可能。总之，我们可以推断：具象化的玉凤可能要早于抽象化玉凤，双勾云形玉器可能要早于单勾云形玉器。如果将两种勾云形玉器的造型放到红山文化晚期大的环境中思考，我们不难发现，牛河梁第二地点一号冢中心大墓 M26 和牛河梁第十六地点中心大墓 M4 出土的两件动物造型玉器都是鹰隼类动物，这至少表明玉鹰是这两个冢的主要图腾，不排除中心大墓南侧中小型墓葬内出土的动物造型玉器是抽象化玉鹰的可能。

三、凤鸟崇拜与古国社会

如果说勾云形玉器无论是单勾云形玉器还是双勾云形玉器都更多地体现鸟的造型特征，那么红山文化玉鸟种类丰富程度可见一斑。可以说，红山文化是以鸟为最重要图腾的史前文化，以牛河梁为代表的红山文化晚期已经进入古国阶段，凤鸟崇拜是红山古国最核心的精神信仰之一。红山文化玉鸟多出在最高等级的墓葬中，其中鹰类猛禽造型特征鲜明，这很可能意味着鹰类猛禽是红山文化最崇拜的图腾。

第一，红山文化如此崇拜凤鸟应该与红山文化生业模式和生活方式有关。一方面，红山文化继承了东北文化区居民以渔猎采集为主的生业模式，与动物打交道的传统使得红山文化居民对于在天空中翱翔的鸟类充满敬畏。赵宝沟文化南台地遗址出土陶尊上的凤鸟纹就已经是最重要的动物造型之一，是赵宝沟文化居民敬奉的重要神灵，红山文化应是继承了这一传统并有所发展。另一方面，红山文化时期当自然环境恶化、居民频繁迁徙之时，由于渔猎活动中猛禽的特殊作用，使得能遨游于空中的凤鸟让人更加心存敬意，因此很可能被作为最重要的神灵供奉。牛河梁遗址出土的一件玉臂钩，有学者认为它就是用胳膊架鹰的专用器具，当可视作红山文化崇拜凤鸟的实证。

第二，红山文化如此崇拜凤鸟还应该与鸟是最佳的通神使者、承载着逝者的灵魂升入天界有关。在牛河梁遗址，有明确出土位置的双勾云形玉鸟和单勾云形玉鸟大都出土于死者的胸腹部。如牛河梁第二地点一号冢中心大墓M26出土的双首鸮出土于墓主腹部，N2Z1M14出土的单勾云形玉鸟出土于墓主胸部，N2Z1M23出土的龙凤佩也出土于墓主胸腹部，牛河梁第五地点中心大墓N5Z1M1出土的单勾云形玉鸟出土于墓主胸部，牛河梁第十六地点N16M15出土的双勾云形玉鸟出土于墓主胸部。在有明确出土位置的墓葬中，仅有牛河梁第十六地点中心大墓M4出土的卧式玉鸟出土于墓主头下。上述出土位置表明，玉鸟是红山古国社会的重器，将玉鸟葬于逝者的胸腹部绝不是偶然的，而是有意为之。此外，无论是卧式的还是立式的，无论是具象的还是抽象的，玉鸟背部都有用于系戴的穿孔，这表明玉鸟应该是佩戴于逝者胸腹部的；从穿孔的使用磨痕来分析，玉鸟也是逝者生前随身佩戴的重器。红山古国墓葬之所以将玉鸟随葬且放置于死者胸腹部，大概是因为鸟既能落在地上和枝头又能翱翔于天空，是通神的使者，能承载着逝者的灵魂往返于人间和天界。

第三，从玉鸟造型特征上看，红山古国社会信仰经历了由无序到统一的过程。红山古国早期，玉鸟造型丰富，写实性强。牛河梁第二地点一号冢内的中心大墓M26出土的玉鹰为双首，口部完全张开略呈方形，圆凸的鹰眼和尖锐的鹰喙表现十分明显；牛河梁第十六地点中心大墓M4出土的玉鹰为静卧姿态，出土于墓主头下，鹰羽翼蓬松舒展，似回首梳理羽毛。上述两件器物形态各异、造型生动、制作精美，是不可多得的玉器精品。除了中心大墓中出土造型鲜明的玉鹰外，在一些高等级墓葬中也出现这类写实性的鹰。如牛河梁第二地点一号冢内的M17出土一件鹰首，M23出土一件合体双鹰，M21出土一件鹰面。上述器物虽然形态各不相同，但写实性特征明显，做工精致。红山古国早期晚段呈登枝状的立式玉鹰数量明显增多。红山古国晚期，玉鸟造型统一，写意性强，红山文化玉鸟从立式、卧式向双勾云形和单勾云形演变。前文已述，抽象化凤鸟可能时间上要晚于具象化凤鸟，红山文化是一个典型的鸟的王国，特别是牛河梁遗址出土的玉凤更是种类丰富、工艺精湛。可以说，凤鸟是红山文化最主要的标识。

距今约5500~5000年，以牛河梁为代表的红山文化晚期已经进入红山古国阶段，这和文献记载的炎帝、黄帝、蚩尤三大部落联盟大体同步，属于五帝时代早期。根据文献记载，五帝时代早期最典型的以鸟为图腾的部落是被称为"东夷"的少暤部落。《左传·昭公十七年》："昭子问焉，曰：'少暤氏鸟名官，何故也？'郯子曰：'吾祖也，我知之。昔者黄帝氏以云纪，故为云师而云名；炎帝氏以火纪，故为火师而火名；共工氏以水纪，故为水师而水名；太暤氏以龙纪，故为龙师而龙名。我高祖少暤挚之立也，凤鸟适至，故纪于鸟，为鸟师而鸟名：凤鸟氏，历正也；玄鸟氏，司分者也；伯赵氏，司至者也；青鸟氏，司启者也；丹鸟氏，司闭者也。祝鸠氏，司徒也；鴡鸠氏，司马也；鸤鸠氏，司空也；爽鸠氏，司寇也；鹘鸠氏，司事也。五鸠，鸠民者也。五雉为五工正，利器用、正度量，夷民者也。'"可见，至少在郯子看来，其高祖少暤挚以鸟为图腾，且鸟种有三：鸟、鸠、雉；每种有五类。据此推断，少暤部落各个氏族虽然都以鸟为图腾，但每个氏族鸟的种类各不相同。这和考古发现展示的以种类丰富的凤鸟为代表的红山古国文化面貌高度一致。

既然少暤部落是东夷部落，那怎么会和地处渤海湾北岸的红山古国有关系呢？从地理位置来看，地处渤海湾北岸的红山古国在东夷文化圈内，属于东北夷。牛河梁遗址所在地辽西地区地处燕山以北，南临渤海，属于环渤海文化圈，且处于连接东北平原与华北平原的交通枢纽上，独特的地理位置使距今约5000年的红山文化与大汶口文化建立联系成为可能。从考古发现来看，红山文化晚期大汶口文化已经深入辽西地区，并最终促进了小河沿文化的产生。从文献记载分析，黄帝部落诸多活动都是以泰山为中心，西周建立后，武王将最具影响力的周、召二公分封于鲁和燕，这表明黄帝部落和大汶口文化关系密切。如果说少暤部落与红山文化有密切联系，那么这样一个基本认识似乎成立：考古学上的红山文化晚期和大汶口文化互动与文献记载的少暤部落和黄帝部落互动有对应关系。《左传·昭公十七年》记载的一段话颇耐人寻味："仲尼闻之，见于郯子而学之。既而告人曰：吾闻之'天子失官，学在四夷'，犹信。"作为鲁国的社会名流，孔子认为郯子是"四夷"，并认为鲁国失去的官制可以在远方小国找到。从鲁国叔孙昭子询问郯子少暤氏与鸟的关系和孔子"学在四夷"的谈论我们可以看出，郯子应该是少暤氏部落的后裔，而少暤氏部落应该与鲁国所在地相距遥远，不是近邻。因此，叔孙昭子才会对这个远方的东夷小国文化感兴趣。是否可以认为春秋时期少暤部落后裔还一直延续着与被视为正统的黄帝部落所在地鲁国的联系呢？

虽然目前尚没有更直接的证据表明红山文化晚期的牛河梁遗址和少暤部落有何关系，但是文献记载的少暤部落与考古发现的以牛河梁遗址为代表的红山文化都有极其发达的鸟图腾。本文正是试图通过分析勾云形玉器造型，探讨以鸟为重要图腾的红山文化和少暤部落之间的关系，抛砖引玉，以期重新解读五帝时代早期东夷文化集团时空框架和文化内涵，为今后的红山文化研究寻找新的突破点。

后　记

　　《红山文化研究》是内蒙古高等学校人文社会科学重点研究基地——红山文化研究基地和赤峰学院红山文化研究院、赤峰市文博院共同组织汇编的红山文化研究学术专辑，宗旨是深化对辽西地区史前文化与史前文明的认知，系统整理与综合研究小河西文化、兴隆洼文化、富河文化、赵宝沟文化、红山文化、小河沿文化、夏家店下层文化等考古学文化序列谱系及相关问题，同时在积聚具有地方特色文化资源基础上进一步推进文化遗产保护、文脉传承，提升文化自信。

　　2019年，以红山文化研究基地入选内蒙古高等学校人文社会科学重点研究基地为契机，红山文化研究院在基地学术委员会的支持与协作下制定了科学合理的发展规划，对专辑进行体例调整，本着科学化、专业化的理念宗旨，以科技考古、玉器、文明起源、域外考古文献整理等为主要内容出版系列研究专辑。2019年出版的《红山文化研究》第六辑"科技考古专号"，获得了学界和社会的一致好评。本辑"玉器研究专号"收录了近年来国内学者在红山文化玉器研究方面所取得的最新研究成果。

　　我们衷心期望《红山文化研究》专辑能得到学术界的关注与关爱，期望能得到国内外专家学者的支持与帮助。我们有勇气、有信心、有能力将红山文化研究基地、《红山文化研究》专辑打造为国内外红山文化学术研究与交流的高端学术平台！

编　者

2020年10月